物语日本

[日] 茂吕美耶 著

当代中国出版社
Contemporary China Publishing House
2020年·北京

原著：《物语日本》/［日］茂吕美耶 著
通过成都同舟人文化传播有限公司（E-mail: tzcopypright@163.com）
经作者茂吕美耶授权给当代中国出版社在中国大陆发行中文简体字纸质版和电子书版权
© 2017该出版权受法律保护，非经书面同意，不得以任何形式任意重制、转载

版权合同登记号　图字：01-2017-8485

图书在版编目(CIP)数据

物语日本 /（日）茂吕美耶著 . -- 北京：当代中国出版社，2018.9（2020.7 重印）
　ISBN 978-7-5154-0809-5

Ⅰ.①物… Ⅱ.①茂… Ⅲ.①文化史—日本 Ⅳ.①K313.03

中国版本图书馆 CIP 数据核字（2018）第 159852 号

出 版 人	曹宏举
策划编辑	隋　丹
外文审订	杨建兴
责任编辑	隋　丹
责任校对	康　莹
封面设计	胡椒设计
出版发行	当代中国出版社
地　　址	北京市地安门西大街旌勇里 8 号
网　　址	http://www.ddzg.net　邮箱：ddzgcbs@sina.com
邮政编码	100009
编 辑 部	（010）66572264　66572154　66572132　66572180
市 场 部	（010）66572281　66572161　66572157　83221785
印　　刷	北京润田金辉印刷有限公司
开　　本	880 毫米×1230 毫米　1/32
印　　张	10.125 印张　1 插页　插图 109 幅　218 千字
版　　次	2018 年 9 月第 1 版
印　　次	2020 年 7 月第 2 次印刷
定　　价	65.00 元

版权所有，翻版必究；如有印装质量问题，请拨打（010）66572159 转出版部。

新版自序
我应该可以再度提笔写书了

《物语日本》《江户日本》简体版初版第一次印刷于二〇〇六年八月上市，我记得当时的大陆市场反应相当不错，读者的热情捧场让出版社持续加印了六次。接着是《平安日本》和《传说日本》简体版也随后上市。这四本书算是我的初期作品，就冷门小众的人文社科类图书来说，不论繁体版或简体版，每一册的累计销量都还算颇佳，在当时甚至可以说是一枝独秀的畅销书。

之后，销量逐渐下滑，十多年后，连繁体版也停止加印。由于简体版版权和繁体版绑在一起，我于是在繁体版合约期限到期时，干脆收回版权，让《物语日本》《江户日本》《平安日本》这三本书绝版，并收回《传说日本》简体版版权。

绝版后，陆陆续续又有其他大陆出版社来信征求版权，表示想让这四本书重新问世，我都婉拒了。因为我对这四本书怀有特殊的感情，一直想重新整理内容，或删除修改某些文章，或补充某些新文章，让其再度出现。无奈，我必须不断出新书，否则无法养活自己和家中那七只"喵星人"，因此除了物理性的时间外，在非物理性的精神领域上，我也缺乏余裕着手改版之事。

我是个纯粹靠稿费与版税收入糊口的专职作家。相信有很多人都心知肚明，光靠不定期的稿费和非固定的版税收入，其实很难维持生计。幸好我还有另一项翻译工作，两者加起来，才勉强可以达到日本政府所制定的最低生活保障线，也就是贫穷线。即便如此，倘若我不勤快写书，稍微一偷懒，便会四脚朝天坠入日本社会底层之"下流老人"阶层。

所谓"下流老人"，是日本社会于二〇一五年出现的新名词。日文的"下流"（karyu）相当于中文的"下游"，除了江河水流靠近出海口之处的"下游"外，另一个意思是社会下层、底层，也就是生活贫苦、地位卑微的社会阶层。"下流老人"正是生活水平处于或低于贫穷线的高龄者，他们的特征是收入少、存款少、四周可仰赖的人少（社会孤立）。

日本人口老化速度居全球第一，目前总人口中有四分之一是65岁以上的银发族，整个国家社会已经在原地踏步了二十年。往昔的"钱都握在老人手里"的迷思早已破解，银发族户的贫穷率高达27%（二〇一六年资料）；换句话说，占总人口四分之一的银发族中，有四分之一是贫户。如果单独抽出女性独居户的数据，则半数以上是贫户，而我，虽然年龄还不到65岁，但收入少、存款少、独居户，正是典型的"下流老人"候补生。

大约在三年前，我曾计划再度走上社会，找一份每个月可以领薪资的工作。只是，以我的年龄和学历以及工作经历条件来看，我只能应聘时薪大约950日元的兼职工作，例如超市收款机店员或餐厅洗碗工以及在医院负责膳食的工作人员或清洁工。我不嫌弃这类工作，反正窝在家里打稿一样得做做炊事洗碗打扫等家事，不料，就在我准备应聘工作时，我的膝关节竟然出了毛病，因膝盖疼痛而导致行动不便，只能放弃出外工作的念头。医院换了好几家，从可以利用健保的大医院骨科、复健科起,到一次至少需付5000日元的针灸推拿治疗院等,能去看病的地方都去了,均不见效。

这种长期的慢性疼痛真的会磨人心志,不但令我失去自信,日子也过得心神恍惚,最后甚至丧失了使用文字的能力。每当我坐在计算机前打算打稿时,往往在数小时后,却发现我只能打出彼此毫无关联的几个单词;每个单词我都懂得意思,却不知该怎么将这些单词连接成句子。文字能力失控使我甚至想去找心理医生。

尽管如此,我还是尽己所能完成了《物语日本》的改版,让繁体版于二〇一七年五月上市。巧的是,同一年夏季,我收到中国大陆某版权代理公司来信,表示有出版社想出这四本书,问我意下如何。商谈了几个月,我们终于在年底签订了合同。此外,我也和中国大陆其他出版社签订了几本新书合同。

扳指一算,二〇一八年居然是我出书数量最多的一年,除了新版《物语日本》《江户日本》《平安日本》《传说日本》,另有《明治日本》(四川文艺出版社)、《大正日本》(四川文艺出版社)、《大奥日本》(广西师范大学出版社)以及繁体版新版《Miya字解日本:食、衣、住、游》(台湾麦田出版社),总计八册。

正是这八册新书的版税令我暂时缓解了经济压力。我非常感激中国大陆的出版社在同一年度出版了我的书,让我摆脱自此停笔的念头,重新提起用单词组成句子、再用句子构成文章的兴致。

我想,我应该可以再度提笔写书了,也应该坚持不懈地写下去。

茂吕美耶
二〇一八年七月于日本埼玉县

自序
写作生涯是一场孤独的马拉松赛事
——写在《物语日本》十五周年

十五年前的我，到底做了些什么事呢？我忘了，忘得一干二净，只有两件事记忆深刻：一是出了一本中文书《物语日本》，另一是在该年十月回台湾办了一场读者感恩签名会。现在重新翻看当年在签名会场拍下的那些照片，心中真是百感交集，每看完一张照片，都会情不自禁地发出一声轻叹。那一声轻叹，感慨的不是光阴疾速，喟然的不是岁月变迁，而是"我怎么还在做同一件事？"

倘若说，写作生涯是一场孤独的马拉松赛事，那么，《物语日本》便是我的起跑线。我不知道我的写作终点在哪里，但可以感受到这十五年来，跑道两侧的日本文史啦啦队员正在陆续退出，"美耶姐加油"的助威喊声响起、间隔也正在逐渐拉长，我却像个傻瓜一样，死守在同一条跑道上不停地往前跑，跑得非常辛苦，跑得有时真想抛下一切就地坐下。

正当我感觉自己似乎已经精疲力尽、两眼昏花时，远流的主编来信建议："可不可以为绝版的《物语日本》改版呢？因为那本书是许多读者心目中的日本文化入门书。"

这项建议让我如梦初醒。是啊，我没有必要一直往前跑，我可以驻足休息，甚或来个华丽转身，再度回到起跑线端详自己留下的足迹。仔细想来，我参与这场长跑运动的初衷，本来就不是要和某某人竞赛，更不是为了打破任何成绩纪录，我只是想实现自己的梦想而已。坦白说，我在十多岁离开台湾时，就把"用中文写作"当作我的人生梦想。既然如此，在《物语日本》第一版第一次印刷上市那一刻，我便已经达成了人生梦想，算是已经跑到马拉松终点了，何来的精疲力尽？何来的两眼昏花？

换个角度观看自己的人生，我发现，不但可以随时转换跑道，也可以随时逆向慢跑，更可以随时退出目前正在跑的这条马拉松跑道，径自绕到另一条山路去爬另一座山，欣赏另一种风景。总之，今年的我，决定转身回到起跑线，反刍"实现人生梦想"时的那种亢奋感。

时隔十五年再度阅读自己的作品，说实话，我读得津津有味，甚至有点不敢相信这些消遣休闲风味浓厚的文章，竟然出自自己之手。另一点很有趣，那就是这些文章的发表时期比出书日期更早，大多集中在一九九九年至二〇〇二年间，而就网络的流转性质来说，"历史古老"的网络文章，除非内容很特别，或真的具有占据网页空间的价值，否则没有人愿意一而再、再而三地转载。但我的每一篇文章，至今仍可以在互联网上找到，只是作者名字不再是"美耶"，而是我不认识的陌生名字。现今，我将这些旧文章再次汇集到一起，外加两篇新文章（《北辰一刀流·千叶周作》以及《日本人与猫》，原编按），以及全新面貌的十二篇《怪谈》，祈盼可以博得旧人新人的掌声。

重新编排这些文章时，我第一次意识到，原来我比较喜欢写怪谈故事。这些怪谈故事并非我特意选编，纯粹是心血来潮时写的余兴文章。至于上田秋成的怪谈《菊花之约》和《蛇性之淫》，范本分别是《喻世明言》卷十六《范巨卿鸡黍死生交》、《西湖佳话》卷十五《雷锋怪迹》及《警世通言》卷二十八《白娘子永镇雷峰塔》，有兴趣的人，不妨找中文范本对比一下。

此外，我想对每一位正在读这篇文章的朋友说："千万不要轻易放弃你的人生梦想，只要坚持，梦想并非遥不可及。"

或许有人会说："那是因为美耶你太幸运了，才能梦想成真。"

不是的，不是我太幸运。只是没有人知道，我自一九九九年起，用"美耶"这个名字在网络发表文章之前，到底用过多少个其他笔名，并到底在几种台湾传统杂志报章或机关杂志，发表过多少包括短篇小说的不同类型文章而已。我的人生梦想并非一蹴即至，而是用尽了各种方式，努力了将近三十年，转换了好几条跑道，好不容易才挤进目前正在往前跑的这条跑道。

追求梦想的过程非常辛苦，何况我又有永远无法跨越的时空距离问题，不过，我终究还是圆了自己的作家梦。我想，我最幸运的是，在十五六岁那个还未含苞的青涩年华，早早便立下了自己的人生目标，而且始终没有放弃。其实比起圆梦后这十五年来的辛勤耕耘日子，圆梦前那三十年的埋首播种年月，更是苦不堪言。因此，我至少也要再苦撑十五年，才算对得起自己的人生。马拉松号角响起后，都跑了这么多年了，我干吗没事找事想中途退场呢？还是继续跑下去吧。

最后，我要向书中的大黄黄、大黑黑、"小流氓"这三只猫致谢。若没有它们长期左右相伴,大概也就没有今天的我。如今它们都在我家院子花丛下永眠,现在代替它们在我身边陪跑的是之后陆续收养的七只喵星人。希望今年家中不管是二脚的或是四脚的,都能无疾无病平安过一年。

茂吕美耶
于二〇一七年春

目录
Contents

第一章　剑客物语

第一节　孤孽剑客漂萍人生・宫本武藏　　　／002
第二节　承先启后一代剑圣・上泉伊势守信纲　／043
第三节　影响现代剑道至深的北辰
　　　　一刀流・千叶周作　　　　　　　　／061

第二章　忍者传说

第一节　来无影去无踪的特种部队・忍者的
　　　　日常与非日常　　　　　　　　　　／088
第二节　俳圣的巡礼纪行是秘密任务？・松尾
　　　　芭蕉的忍者谜团　　　　　　　　　／097
第三节　从兵法家副情报头子・柳生一族传奇　／106
第四节　服部半藏父子物语　　　　　　　　／112
第五节　骇人妖怪般的奇袭名人・风魔小太郎　／121
第六节　使用诡异幻术的流浪忍者・果心居士　／128
第七节　战国大名悚惧万分・飞檐走壁加藤　　／136

第三章　昔人昔话

第一节　沁人心脾的名曲《荒城之月》　　　／146
第二节　犹太人的救星・杉原千亩　　　　　／154
第三节　千年因缘・日本人与猫　　　　　　／164

第四章　岁时生活

第一节　跃身日本国民食物・拉面　　　/ 192
第二节　便利平价席卷全世界・方便面　/ 202
第三节　袒裎相见热乎乎・泡汤趣　　　/ 211
第四节　招财猫　　　　　　　　　　　/ 218
第五节　四季色彩・岁时物语　　　　　/ 229

第五章　怪谈人间

第一节　雪女　　　　　　/ 252
第二节　无脸人　　　　　/ 256
第三节　二十年的空白　　/ 259
第四节　鳗鱼之怪　　　　/ 261
第五节　死神　　　　　　/ 264
第六节　人面疮　　　　　/ 271
第七节　应声虫　　　　　/ 273
第八节　尼姑的忏悔　　　/ 275
第九节　桂花　　　　　　/ 279
第十节　第二个房间　　　/ 283
第十一节　菊花之约　　　/ 288
第十二节　蛇性之淫　　　/ 297

第一节　孤孽剑客漂萍人生·宫本武藏

> 最广为人知的宫本武藏浮世绘，歌川国芳画。

日本当代名作家直木三十五[①]，于昭和七年（一九三二年）在 NHK 广播节目中，将宫本武藏[②]贬斥得一文不值。同为当代名作家，亦是文艺杂志《文艺春秋》创办人的菊池宽[③]，听了广播节目后，挥笔写了一篇反驳文章，刊登在《文艺春秋》。针对此文章，直木三十五也写了一篇文章反击，两人展开一场激烈笔战。日后，两人又在《读卖新闻》举办的座谈会中，面红耳赤地争论"宫本武藏到底强不强"的问题。当时，直木三十五坚持：

"宫本武藏在《五轮书》中说，他从十三岁到二十九岁，始终在钻研兵法剑术，而且历经六十余回比武，从来没有败在对方手上，因此是举世无双的剑豪。但是，他挑选的比武对手，都非一流剑客，也从来没有和关东地区的著名剑客比武过，终生窝在关西地区，这样还能自称是举世无双的剑豪吗？"

菊池宽是宫本武藏的粉丝，当然口沫横飞滔滔雄辩。凑巧历史小说名作家吉川英治[④]也在席上，于是直木三十五矛头一转，直逼吉川英治："吉川君，你认为怎样？"

吉川英治只是淡定回说："我的看法和菊池先生类似。"

之后，直木三十五又在《文艺春秋》展开"宫本武藏其实

[①] 直木三十五（1891—1934）：日本小说作家、编剧、导演。日本文学界两大奖项之一的直木赏，正是为了纪念直木三十五而取名，这项奖项以已出版的通俗文学作品为对象，另一项芥川赏则以纯文学的新人作家为对象。

[②] 宫本武藏：(1584？—1645)：江户时代初期的剑术家、兵法家、艺术家，是使用大小二刀之"二天一流"剑道始祖，"二天"意味太阳和月亮、阴与阳。

[③] 菊池宽（1888—1948）：日本小说家、剧作家、记者，《文艺春秋》创办人，亦是芥川赏、直木赏设立人。

[④] 吉川英治（1892—1962）：日本小说家。

▷ 吉川英治《宫本武藏》大活字版第一卷与第二卷书封。

不强"的论调,并公然指名道姓要吉川英治出面同他笔战。不过,吉川英治始终沉默以对,直至昭和十年(一九三五年),才在《朝日新闻》开始连载名满天下的剑豪小说《宫本武藏》。这部大作,大概正是吉川英治回复直木三十五的答案吧,遗憾的是,直木三十五于前一年过世了。吉川英治在《随笔·宫本武藏》中坦承,其实参与座谈会那时的他,对宫本武藏的事迹仅具有初步知识,而公开下挑战书的直木三十五,则对日本剑道史研究颇深,他当然不敢应战,只能将此问题当作身为小说家的自己的作业,开始认真研究宫本武藏。

话虽如此,直木三十五是否打心底否认宫本武藏的剑术呢?根据他所著的《日本剑豪列传》中《宫本武藏卷》,我感觉,事实上可能并非如此。直木三十五只是不愿意盲目追随世间的固定观念而已。毕竟，宫本武藏确实没有和同一时代的剑豪柳生宗矩①等人比武过。

其实，无论哪一个时代，"宫本武藏到底强不强"的问题，似乎都是日本男性作家们偏爱的争论焦点。往昔如此，现今也仍是如此。站在女人的立场来看，有时候我会觉得："这个问题有那么严重吗？"另一方面，更会感到："男人实在很无聊，却又很可爱。"你管人家到底强不强？反正死无对证，难道你能叫宫本武藏和柳生宗矩再活过来一次，到电视台表演公开比武？不过，这终究是女人的论调，不是男人的观点，因此，在日本男性之间，"宫本武藏到底强不强"依旧是个可以争论得口干舌燥的话题，且是个永远没有结果的问题。

我不知道宫本武藏的剑术到底强到什么程度，但是，我相信，他终生是个"孤孽剑客"。

从《五轮书》序文中的记载推算，宫本武藏应该生于一五八四年，故乡是位于冈山县东北部的英田郡大原町宫本村（今为美作市），紧邻兵库县与鸟取县。父亲是新免无二斋②，据说本来为某城主的家臣之首，却不知为何，沦落为乡间剑士，蛰居深山小村中。武藏的母亲似乎在武藏三岁时抛夫弃子离家出走，之后再嫁他人，因此，武藏从小就未曾享受过母爱的照拂。只是，武藏没有留下有关自己幼年时代的只言片语，

---

① 柳生宗矩（1571—1646）：日本江户时代初期的武将和剑术家，德川将军家的剑术师傅，大和国柳生藩第一代藩主。
② 新免无二斋：生卒年不详。

生前更鲜向他人提及双亲的事，以至于后人至今仍摸不清他的真正身世。

话说四百多年前的某天，宫本村荒木神社举办祭典，年幼的武藏夹在一大堆村人之间，观看了击鼓人敏捷地运用双手，徐疾自如地捶出直捣人心的旋律，不禁大为心折。回家后问父亲："只要勤练，是不是左右手都能挥剑？这样不是很方便？"

无二斋生前自称"日下无双兵法术者"，又四下发豪语说此称号是当时的足利将军赐予的，我们且不管此称号是否事实，总之，无二斋的剑术应该相当高明才对。那么，武藏从小便很可能时时拿着树枝有样学样地挥来舞去。

"傻孩子，你说得好，但这叫'追二兔者不得一兔'，会两头落空。"

"勤练的话应该可以办到。"

"你又不是不懂剑术，握剑时，左手要用力，右手要放松，这样才能掌握刀锋劲头，左右两手合一，才能完整无缺。左右两手都能挥剑的话，当然很好，但是，双手合一都不见得能做好的事，只手怎么可能做得起来？"

"可是，打仗时，大将们都是坐在马上，只手挥刀，只手勒缰绳。"

"战场中的骑马战，主要兵器是长矛、铁枪，利用马匹奔腾的力量，对准敌人铠甲防护不到的地方，例如腋下，再一刀刺进去。这种枪法和剑术完全不一样。双手挥刀都无法斩开铠甲，何况是只手？马上的大将必须亲手挥刀追赶敌人时，表示已经战败了。"

"可是，如果是在房间、树林、巷弄那种狭窄的地方，双手都能自由挥舞长短剑的话，万一右手被砍断了，左手不是还能用短剑护身吗？"

"傻孩子，右手被砍断了，等于一切都完了，空留左手有什么用？你还小，不懂得剑术道理。"

"一般武士随身都佩带长短双剑，如果双手只能用在长剑上，那他们又何必佩带护身短剑？右手被砍断时，为什么不能用左手来护身？不练习，怎么知道办不到？我一定要练习看看，我才不想像父亲那样，成天只能拿短刀削牙签……"

▶ 武藏具高深书画造诣。正面达摩图、鹈图，宫本武藏画。

话声未毕,一支短剑咻地飞了过来。正是无二斋手中用来削牙签的那支短剑。武藏闪了一下身,短剑直直没入武藏身后的墙柱。据说,此时,武藏不但没有吓破胆,反而哧哧笑着拔出短剑,抛回给无二斋。当时,无二斋已经是个半百老翁,武藏则还是个幼童。

无二斋因为幼儿的一句话,便随手抛出手中的短剑,可见他不是一般所谓的"慈父"。此外,武藏自小便失去母爱,成人后一概不谈或书写自己幼年时代的回忆,由此,我们可以想见,他的幼年时代环境一定非常复杂、苛酷、冰冷。这也是造成他日后人格异常的主因之一吧。

天才与狂人,本来便只有一纸之隔;任何留名青史的天才,有哪一个不带着与其才能等量的狂气呢?

武藏九岁时,离家出走去找亲生母亲,但无情无义的母亲不喜欢这个儿子,将武藏交给某僧庵住持管教。武藏于晚年所发挥的艺术、书写才能,似乎正是在这段时期奠定的基础。

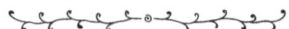

武藏十三岁时,第一次开了杀戒。

当时,武藏寄居的僧庵,位于冈山县邻傍的兵库县,紧邻大阪府、京都府。时值丰臣秀吉[①]掌权的天下,士、农、工、商封建身份制度甫成型,众多因战乱而失去主君的失业武士浪人,

---

① 丰臣秀吉(1537—1598):日本战国时代末期至安土桃山时代的大名,就任关白、太政大臣等官职,实现政治统一,是为丰臣政权。

唯恐天下不乱，到处造谣生事，治安极为不稳。身手不凡的武士，更是身着奇装异服，四下找高手比武，以求名震天下，让当地掌权者知道自己身怀特技，运气好的话，或许还可以逮住机会来个"鲤跃龙门"。

新当流剑客有马喜兵卫[①]，正是这类浪人之一。

话说某天中午，武藏发现村内竖立着一支布告牌，上面写着："吾愿接受所有武艺高手的指教！"

讲白一点，意思是："有种的，通通放马过来！"

身强力壮的武藏，是村内顽童头目，平日经常惹是生非，连大人在路上遇见他，都会退避三舍。

这时，武藏盯着告示牌一会儿，便拔腿跑回僧庵，抓起毛笔，再度奔回原地。他用毛笔删掉挑战文，在一旁挥笔写下："小生明日奉陪！宫本武藏。"

村人们当然明白署名的那个"小生"到底是哪方人物，于是消息一传十、十传百，不到傍晚，风声便传进僧庵老住持耳内。

老住持惊慌失措地赶到有马喜兵卫宿处，一个劲儿地赔罪："那个'小生'，真的只是个乳臭未干的小生，他还没接受结发戴冠仪式，请大人高抬贵手，放他一马吧！"

有马喜兵卫万万没想到来挑战的竟是个小毛头，但是，消息已经传遍了全村，邻乡近镇的人也在等着看好戏，若还未开幕便打了退堂鼓，往后叫他有什么脸面继续周游诸国？骑虎难下的有马喜兵卫，左思右想，最后拍了一下盘坐的大腿，笑道：

---

① 有马喜兵卫：生卒年不详。

▷ 后人想象描绘宫本武藏十三岁击杀有马喜兵卫时的肖像。岛田美术馆所藏。

"有了！有妙计了！师傅，麻烦您明天带那个小鬼到比武现场来，要他当众向我磕头赔罪，这样，不就一举两得吗？小鬼既不必受无谓的皮肉之苦，在下也能保住脸面，呵呵。"

司马辽太郎[①]在其所著的《真说宫本武藏》中，这样介绍有马喜兵卫："新当流是德川家康[②]身为三河国（爱知县东部）主君时，在近邻诸国流行的剑术流派。当时，有位剑术家，名为有马时贞[③]，流浪到三河。由于怀有新当流剑术授予证明，家康对他极为器重，并拜其为师，学得新当流剑术窍门。不久，时贞过世，家康不忍断绝有马门第，遂过继有马一族中名叫秋重的男子为养子，封为丰前守，日后并命其为纪州（和歌山县南部，主君是家康十子）德川家剑术师傅。直至江户时代中期，新当流一直是纪州附近的剑术主流流派。有马喜兵卫大概是这一族人。"

新当流之祖是冢原卜传[④]，与剑圣上泉伊势守信纲[⑤]为同一时代的人，也是名留青史的剑圣之一。如果有马喜兵卫真是德川家康器重的有马一族，便不可能是个蹩脚剑客。

再说，宫本武藏的《五轮书》序文中，记述"吾于十三岁首次同新当流有马喜兵卫比武，获胜；十六岁同但马国（兵库

---

① 司马辽太郎（1923—1996）：日本历史小说家、大众文学巨匠。司马辽太郎所写的历史小说给日本读者带来很大影响，这种"司马史观"在日本历史评论家及历史学者之间经常成为争论对象。也就是说，他写的明明是虚构历史小说，却让不少国民认为是史实。
② 德川家康（1543—1616）：日本战国时代的大名及江户幕府第一任征夷大将军。
③ 有马时贞：生卒年不详。
④ 冢原卜传（1489—1571）：日本战国时代著名剑客，新当流开山祖师。
⑤ 上泉信纲：生卒年不详，日本战国时代的兵法家，日本剑术知名流派新阴流创始人，后人尊称为"剑圣"。

县北部）兵法者秋山比武，一样获胜。"前者明确写出"有马喜兵卫"全名，后者只写出姓氏"秋山"，由此可见，"有马喜兵卫"这位剑客，在当时当地，应该都颇有名气。而一位颇有名气、剑术不凡的剑客，为什么会跑到鸟不生蛋的穷乡僻壤来送死？可能是在周游列国时途中路过，想在武藏寄居的村落讨得一夜住宿和酒宴而已。这在当时，是剑客们的惯用手法。

话说回来，比武当天，老住持诚惶诚恐地带着"小生"武藏来到比武现场。有马喜兵卫与同行弟子，则悠闲自在地在现场谈笑风生。

老住持拉着武藏的手，将武藏拖到有马喜兵卫面前，按住武藏的臂膀，喝道："快！快向大人磕头赔罪！"

武藏却闷不吭声，锐目凝视喜兵卫。

喜兵卫有点坐立不安。老住持带来的"小生"，不但其貌不扬，身躯更是魁梧奇伟。光是身高，恐怕就超过一米七；体重，更不用讲了。再瞄到"小生"手中紧紧握着的那支长棍，喜兵卫暗忖："这小子，真的还未到结发年龄？"继而环视一下四周，人山人海，每一张脸皆敛声屏气，大气不喘地观望事态的演变。但是，身为堂堂武士的他，当真能在众目睽睽之下，同一个娃子动武吗？喜兵卫只能暗地祈祷眼前这"小生"最好能识相点，主动向自己摇尾乞怜。

"小鬼，跪地请罪啊！"

武藏一听，二话不说抡起手中的长棍，一棒挥过去。这一招可以说是有勇无谋且卑劣的突袭招数，完全不遵守武士比武的规则，喜兵卫险些遭殃。

"小子！"

喜兵卫怒火中烧,拔出长刀准备应战。孰料,武藏竟抛下手中的长棍,大吼:"徒手来!"

"好,徒手就徒手!"

喜兵卫也抛下手中的长刀。大概是小看对方是顽童,一时疏忽大意了。

两人抱在一起后,武藏使出天生便具有的过人臂力,高高举起喜兵卫,用力摔在地上。喜兵卫慌忙想重整体势,武藏却不让他有喘气的机会,一屁股坐到他身上,顺手拾起身边的长棍,对准喜兵卫额头,捣蒜般地砸了下去。

待武藏回过神来时,只见胯下的喜兵卫早已四脚朝天,一命呜呼。老住持跪在一旁喃喃数着念珠。看戏的村民们则个个魂飞魄散,哑口无言。

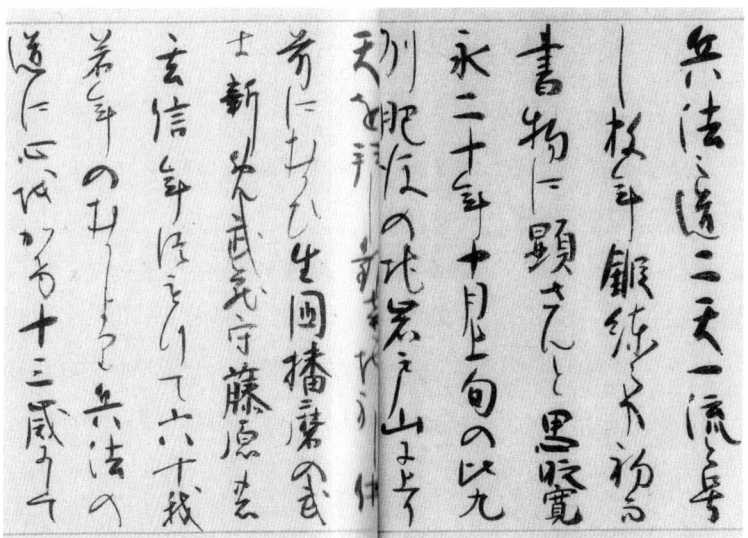

▶ 宫本武藏著述的《五轮书》细川家抄本,《地之卷》起首。

因此,司马辽太郎才会说:"武藏的兵法,出发点是屠杀。"

不过,《五轮书》第一章《地之卷》中,有一则学习剑术应有的心理架势:"随身之武器,理应长处尽展。"这么说来,武藏生来便具有的高大身躯与非凡臂力,理应是武藏的"随身之武器"吧?

开了杀戒之后,大概在村内待不下去了,不久,武藏便离开僧庵,步上他那如漂鸟般的生涯之旅。

如果武藏早生了二十年,或许,他能够在烽烟四起、兵连祸结的战国时代,立下战功,爬升到大名地位。遗憾的是,武藏凑巧夹在战国时代与江户时代的交替时期。武藏十四岁那年,当时的天下掌权者丰臣秀吉,留下一儿秀赖,种下日后祸根,与世长辞了。以后人观点来看,那时,时代正在飞快冲往和平、闭关自守的德川幕府"江户时代"。

武藏十六岁时,在兵库县北部同一位剑客秋山某比武,依然有效利用了得天独厚的身躯与臂力,击败对手。这位秋山某的准确名字、年龄、流派均不详,连《五轮书》序文中,也只是草草介绍了一句"强而有力的兵法家"而已。

之后,明治时代之前日本国内规模最大的内战"关原之战"①爆发,这是一场丰臣秀吉政权与德川家康政权,双方决定天下政权归属的战役。东军代表是德川家康,西军代表是丰臣

---

① 关原之战:发生于一六〇〇年十月。

秀吉钟爱的家臣之一石田三成①。简单说来，石田三成是想继承丰臣政权的保守党代表，德川家康则是想推翻旧政权，自己树立新政权的革新党代表，战场为美浓国（岐阜县）关原。

当年十七岁的武藏，是否参加了"关原之战"，众说纷纭，没人敢断言。吉川英治的《宫本武藏》，第一幕便是武藏和青梅竹马之交又八，躺在尸横遍野的草原上，茫然自失地仰望着青空。但是，吉川英治在《随笔·宫本武藏》中坦白说，那是创作，而非史实。又说，即便武藏参加了"关原之战"，恐怕也是以杂兵身份。武藏自己说"曾经参加六次战役"，然而，到底是哪六次？四百多年后的今日，后人仍无法考证出来，除了"岛原之乱"②留有证据以外，其他都是个谜团。

直至二十一岁，武藏的足迹犹如雪泥鸿爪，后人虽拿着放大镜拼命寻求，却终归于无形。

战国末期至江户初期这个时代，大部分精通武艺的兵法家（剑客），为了扬名，通常不惜辛劳周游列国，精益求精。目的是博得口碑载道的剑客之名，以求个官阶光耀门楣。因此，这时期的武器不限于刀剑或木剑，铁枪、长矛、长柄大刀等，应有尽有，通常是剑客自己发明并加诸改良的武器。

话说伊贺国（三重县）有位精通锁链镰刀的高手，名肉户梅轩③。史实只留下姓氏"肉户某"，名字"梅轩"其实是吉川英

---

① 石田三成（1560—1600）：日本战国时代和安土桃山时代的武将及大名，丰臣政权的五奉行之一。
② 岛原之乱：日本幕府末期之前的最后一次内战，起义军多是天主教信徒。发生于一六三七年十二月至一六三八年四月。
③ 肉户梅轩：生卒年不详。

治取的,司马辽太郎则取名为"典膳"①。这位高手的武器,本来是农具镰刀,刀柄上有一条长达三米的锁链,锁链尖端又有一个秤锤。用法是左手握着镰刀,右手腾空挥舞着有秤锤的锁链,用锁链缠住对方的武器,或用秤锤直接攻击对方,用法五花八门。

武藏从未与"飞行武器"对打过。望着眼前这个彪形大汉驾轻就熟地挥舞锁链,武藏即便对自己的武艺自信满满,也不得不心生警惕。锁链犹如伸缩自如的蟒蛇朝武藏咄咄逼近。武藏耳畔只听得见秤锤和锁链在空中飞舞所发出的咻咻声。

武藏连连躲过好几招,险些被击中。最后拔出另一把短剑,左手握长剑,右手抓短剑。梅轩愣了一下,这是哪门子流派?梅轩能在伊贺国自成一家,当然曾经同各流派的高手交手过,只是,这种毫无架势,双手握剑的招数,他却从来没有看过。也难怪,武藏的剑术完全是无师自通,勤奋练习而得的。

梅轩抡起锁链。锁链在梅轩头上高速回转。速度越转越快,最后只看得到一个咻咻回转的圆圈。冷不防,秤锤风驰电掣般朝武藏飞来。武藏大气不喘地闪了一下身,旋即抛出右手的短剑。短剑命中梅轩胸部,随着锁链秤锤当啷落地,梅轩也啪嗒躺在地上。"肉户某"也因而留名青史。

武藏一生中,最有名的比武场面是"吉冈兄弟"与"岩流

---

① 肉户典膳:即:肉户梅轩。

岛"①。在伊贺国击败了锁链秤锤名人梅轩后，武藏或许对于自己老是在穷乡僻壤同无名剑客比武这事，感到一抹空虚吧。要么，就到京都去！京都向来是十八般武艺剑客荟萃一堂的场所，何况，关西首屈一指的剑术门派是吉冈一门，射人先射马，擒贼先擒王，干脆到京都去试试运气！如此，传说中的京都郊外"莲台野"②与"一乘寺下松③决斗"，便紧锣密鼓地开幕了。吉冈兄弟灭门血案于是滋生。

吉冈家历代都是持续了二百四十年之久的室町幕府足利将军家剑术师傅，此时，室町幕府早在三十年前被织田信长④歼灭，德川幕府刚成立不久，因此，吉冈家虽享有剑术名门盛誉，实际上已名存实亡。吉冈家一方面经营剑术道场，另一方面也兼营副业染房。据说，"吉冈染布"非常坚韧，能防刀剑，因此很受当时武士们喜爱。

抱歉，在此容我打一下岔。我想，一般人对"武士"的形象的认识，大多都停留在他们是一群"只会耍剑，其他什么都不会的专业蠢货。"其实并非如此。武士除了剑术以外，通常还有所谓的家传行业，例如"仁丹"，正是武士阶级人发明出来的。其他什么"止血剂""万灵丹"之类，都是武士阶级的家传行业。糊纸伞、纸窗、灯笼之类的手工业，也是武士阶级的传统行业之一。

---

① 岩流岛：无人岛，正式名称是"船岛"，位于山口县下关市关门海峡。
② 莲台野：平安时代京都三大风葬地之一，位于船冈山西北方那一带。
③ 一乘寺下松：位于京都市左京区一乘寺花木町的松树，或该地地名。
④ 织田信长（1534—1582）：推翻室町幕府的战国大名。

最有名的例子是"公仪介错人·山田浅右卫门"①，简单说来是"官方斩首代执行人"，也就是刽子手。山田家历代都是德川幕府的罪犯斩首执行人。斩首技术近乎鬼斧神工，可以留下颈子皮，不让头颅与身躯分而为二，深受幕府官员们器重。明治时代初期，山田家执行了最后两名强盗杀人犯的死刑后，明治政府于一八八二年废除斩首刑，于是山田家传了八代的绝招，就此失传。但是，山田家的家传副业是"药剂师"，在当时是富商大贾之一。不过，这又是另一个故事了。

在"关原之战"战败的西军，制造出众多失业武士，这些人当中，当然有不少只会耍剑的"专业蠢货"，因此，他们才会奇装异服、装腔作势地周游诸国，寻求做官机会。武藏在"岩流岛"决斗之前，很可能正是这一类人。

回归正题，话说武藏来到吉冈道场，声称要同掌门人清十郎②比武。

吉冈道场不愧是京都数一数二的武术馆，门人多达百人以上。

武藏第一次单枪匹马勇闯吉冈道场时，掌门人清十郎刚好外出。一般说来，身为名门武术馆的掌门人，不可能轻易接受宫本武藏这类流浪武士的挑战。大概是门生们看武藏装束像个野人，应对中流露出高傲自负的态度，惹火了血气方刚的武藏，他当场击倒了几位门人，而这几位门人又是剑术不凡的得意弟

---

① 山田浅右卫门：日本江户时代公家御用的刀剑试斩者，兼任刽子手。"山田浅右卫门"之名是世袭制。
② 吉冈清十郎：生卒年不详。

子，清十郎才会答应亲自出马吧？

双方经过商议，比武场所决定在京都郊外莲台野。莲台野是京都的风葬、火葬场之一，平常人迹罕至，放眼望去，遍地槁骨腐肉，乌鸦漫天飞舞。

武藏在五条大桥上立下布告牌，将此消息公之于世。

比武当天，清十郎只带了几名弟子，让他们守在远处旁观。更远处，则是一大堆看热闹的群众。

有关这个场面，日本大部分描述宫本武藏的小说中，都说武藏故意迟到，存心激怒清十郎，让清十郎失去冷静的判断能力。不过，这很可能是后世小说家根据史料加以渲染的剧情。试想，武藏好不容易才争得与名满天下的道场掌门人比武的机会，怎么可能冒着臭名远扬的危险，做出犯规行动呢？再说，看热闹的群众中，一定有不少戴着圆筒形竹笠，化身为虚无僧的真正高手（或是大名），冷眼坐观成败。这种能够一举成名，千载难逢的机遇，武藏不可能用"迟到"这块砖头砸自己的脚。

总之，当时武藏只予以一击，清十郎便应声而倒。出人意料的结局，令众人目瞪口呆，现场顿时变得鸦雀无声。过一会儿，一只不要命的乌鸦，终于耐不住口，咔——咔——地叫了两声，清十郎的弟子们才回过神来，同时飞奔过来。

不省人事的清十郎经过弟子们无微不至的看护后，总算苏醒过来。但是，伤残的躯体已不允许他继续挑起掌门人的重担，失意之余，遂落发为沙门。吞不下这口气的是他的弟弟传七郎[①]。为了复仇雪耻，传七郎向武藏发出决斗书。

[①] 吉冈传七郎：生卒年不详。

▷ 一九一二年文成社出版的《少年史谈》第一卷《宫本武藏》插图,武藏在一乘寺松树下静候吉冈门人。

传七郎没有哥哥命大，比武当天，虽然准备了五尺长的木刀，却被武藏夺下武器，当头一棒便返魂乏术。这消息令整个京都沸腾起来。

吉冈一族同时失去两根支柱，怎么可能就此罢休？于是抬出清十郎的十三岁嫡子又七郎。这正是著名的"一乘寺下松决斗"。

武藏肯定伤透了脑筋。光是击倒天下名门吉冈道场掌门人这事，便足以扬名显姓，日前又让传七郎死于非命，现在又冒出一个年幼的后继掌门人……这场决斗，接或不接？若是接了，吉冈道场门人必定会毕力同心出动种种武器围剿自己；若是拒绝，恐怕会走到哪儿都有暗杀剑客在后跟着。多方考虑后，武藏还是硬着头皮接了。

当天，天还未亮，数百名吉冈门人便聚集在一乘寺那棵松树下。又七郎额头系着白头巾，一副视死如归的样势。众人商议了一阵子后，往四面散去，把守在各个要地。又七郎因为只是挂名掌门人，立在松树下观战便可，陪在身边的，仅有几名贴身守卫。

天边逐渐泛起一片鱼肚白时，松树背后突然发出响声。原来武藏早就躺在松树下静候了。

又七郎的贴身守卫察觉事情不妙，一面呼唤同门，一面纷纷拔剑，挡在年幼的掌门人面前。然而，武藏的动作更快，眨眼间便击倒了所有守卫，更向手无寸铁的年幼掌门人一刀击去。待其他门人闻风而至时，才知大势已去。

这个场面，是小说和电影的高潮之一。可是，事实真是如此吗？

武藏的养子宫本伊织①于武藏过世九年后，所建立的纪念碑"小仓碑文"，全文总计一千数百字，其中四分之一都在描述这段典故。但是，文中只是说明"一乘寺下松聚集了数百名门人，携带弓箭等各种飞行武器，欲击倒武藏，却一样败北。之后，吉冈家便绝灭了。"

文中没有"武藏屠杀小掌门人"的记述，况且，吉冈家也并非因决斗败北而断后。"一乘寺下松决斗"后，吉冈道场依旧持续了十年。十年后某天，京都皇宫举行能乐会时，吉冈又七郎以掌门人身份赴席，却因为门人与警卫发生冲突，在皇宫内拔刀肇祸，吉冈又七郎只好主动关闭道场，远离京都。三年后，回到京都重新开业，不过不再重操剑术旧业，而是专精于染坊手工业。

"一乘寺下松聚集了数百名门人"，应该是宫本伊织夸大其词。依照当时的规定，俸禄二百石的武将必须养五名士兵以备非常，换算下来，一名士兵等于四十石。因此，除非是俸禄四千石以上的武将，否则没办法调动一百名兵力。门人与士兵，两者性质固然不同，可再怎么说，京都行政官也不会允许任何人在禁阙所在地发生暴动。就算目的是复仇雪耻，也必须经过繁杂手续，幕府才会准许。这么说来，不顾性命危险暗中行事的门人，顶多二三十人吧。

我们换个立场，站在吉冈道场这方来看，若采用一六八四年写成的吉冈家史料的《吉冈传》说法，那就会变成武藏在初战时被清十郎刺中眉间，血流不止；第二战时，武藏临阵脱逃，

---

① 宫本伊织（1612—1678）：宫本武藏的养子。

吉冈家不战而胜。若再换个中立立场,采用一七一四年写成、一七一六年出版成书的《本朝武艺小传》说法,则不但没有发生莲台野比武场面,也没有发生"一乘寺下松决斗"这件事。

根据《本朝武艺小传》,宫本武藏确实和吉冈掌门人比武过,但比武场地是京都行政官官邸,比武结果是不分胜负的平局,吉冈清十郎没有剃发当和尚,吉冈传七郎也没有一命呜呼。据说,吉冈兄弟俩甚至于十年后参加了"大阪之役"①。只是,如此一来,小说家和漫画家及电影、电视剧导演们便无法编剧了,不分胜负的话,没戏看嘛,我写的这篇文章也至少要删掉两千字,甚至要"杀掉"那只在莲台野比武现场咔——咔——叫了两声的乌鸦。那只乌鸦是我特意安排的配角,我相当满意呢。

话说回来,武藏二十一岁这年,的确是炽烈的一年。在京都击败吉冈一族后,武藏便动身前往奈良。奈良宝藏院是赫赫有名的"枪术寺院",上一代胤荣②院主不但是剑圣上泉信纲的弟子,与新阴流继承者柳生宗严③更是莫逆之交。

武藏访问宝藏院时,胤荣院主已经八十四岁,是个隐居老

---

① 大阪之役:发生于一六一四年至一六一五年,江户幕府消灭丰臣家的战争,"大阪冬之阵"与"大阪夏之阵"的合称,日本战国时代的最终战役。
② 胤荣(1521—1607):安土桃山时代兴福寺的僧兵、武术家,为兴福寺子院宝藏院院主。
③ 柳生宗严(1527—1606):剑术新阴流继承者,柳生宗矩之父,号"石舟斋"。

人。第二代院主是胤舜[①]。漫画家井上雄彦[②]在他改编自吉川英治原著的漫画《浪人剑客》中，让武藏和胤舜互杀得昏天黑地，火光迸溅。不过，事实上，此时的胤舜，还是个十岁左右的幼童，不可能和武藏比武。真正和武藏交手的是胤荣的弟子奥藏院，比试两次，两次都是武藏得胜。

奈良县的旧国名是"大和国"，自十二世纪末镰仓时代起，便没有所谓的"守护大名"或"战国大名"，是个很特殊的地区。当时的大和国掌权机关是兴福寺，领域内所有和尚都是僧兵，宝藏院是其中流派之一。根据一七五五年的文献《武功传》中的记述，实情是"宝藏院所有僧兵均褒赞武藏剑术非凡，与武藏宴飨谈笑至天亮"。在武藏凶神恶煞般的比武历程中，这场交锋，犹如一服清凉剂，完全没有杀气腾腾的气氛，日后更没有留下任何宿怨。

接下来，武藏二十五岁那年，与杖术高手、身高六尺、健壮如虎的梦想权之助[③]邂逅。成人后的武藏，身高也差不多是六尺左右。

梦想权之助是何许人？正是"神道梦想流杖术"的开山鼻祖。

这名大汉子，身上披着一件白色外褂，外褂背面是鲜红太阳旗（日本国旗），前面用金线绣着"兵法天下第一，日本开山，梦想权之助"几个大字。身边有八名身强力壮的随行弟子。

[①] 胤舜（1589—1648）：江户时代前期的僧侣与武术家。
[②] 井上雄彦：1967年出生，日本漫画家。
[③] 梦想权之助：江户时代初期的剑士，神道梦想流杖术始祖，生卒年不详。

▷ 福冈县太宰府市宝满山山脚的鬼门神社。©Miya.m，CC-BY-SA-3.0。

话说某天，权之助风闻武藏名声，前往武藏住居，大声喊着要同武藏比武。武藏起初婉拒，后来实在拗不过权之助的死乞白赖，只好随手握着正在制作的洋弓，出来会见客人。

权之助擅长杖术，武器是长达一米三的棍子。这位大汉子虽然雄赳赳气昂昂地摆起架势，然而武藏却根本不把他放在眼里，一副心不在焉的模样。

大汉子戳出几招杖术，招招势道甚是劲急。武藏左闪右闪，之后冷不防伸出洋弓在大汉子眉头点了一下，只见大汉子当场便昏倒于地，不省人事。待大汉子清醒过来时，才发现额头上肿胀得有如木瓜。权之助自惭形秽之余，跑到九州筑前（福冈县）太宰府宝满山，奋发蹈厉地钻研杖术，日后不但开创出"神道梦想流杖道"，且世代相传至现代。后人还特地在福冈县宝满山山脚的灶门神社境内,为他盖了一座"梦想权之助神社",从太宰府天满宫搭出租车约十二分钟,可抵达这位大汉子的神社。

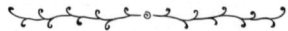

二十五岁至二十九岁这期间,武藏到底身在哪里、做了些什么事?答案无人知晓。总之,口碑载道长达四百年之久的这一天终于来临了。我们先来看看吉川英治的《宫本武藏》中,武藏到底如何击败佐佐木小次郎①。

话说一六一二年四月初,九州丰前国(福冈县东部与大分县北部)小仓(北九州市中部)城邑内,到处竖立着同样内容的布告牌。布告牌上写着:"十三日辰时,本藩兵法师傅严流佐佐木小次郎,将前往介于丰前国、长门国(山口县西北部)之间的关门海峡之孤岛船岛,与浪人宫本武藏比武。当日严禁双方友人或欲助一臂之力者渡海。所有游览船、渡船、渔船皆禁止往来于海峡。"

驻足围观的旅客以及当地老百姓,均兴致勃勃地议论纷纷:

"十三日,那不是后天吗?"

"听说有人特地大老远赶来观战,我们也留下来看热闹吧?"

"傻子,比武场船岛离岸边有二里多,根本看不到。"

但是,当事人武藏却在十一日夜里便不知去向。城邑内又是流言满天飞。

---

① 佐佐木小次郎(?—1612):剑术家。

"那小子，一定吓跑了。"

"是啊，要不然怎么大家都找不到他？"

由于这是藩主（大名）公认的正式比武，决斗当天一大早，便有众多藩士（大名所属的武士）在岸边巡逻，戒备森严。

佐佐木小次郎出现时，里面穿着一件白绢窄袖便服，外面是一件刺眼的猩红色无袖背心，下半身膝盖以下用布条缠绑成绑腿的皮染葡萄色裤裙，腰间佩戴着长三尺余的爱刀"晒衣竿"，脚上是草鞋。众人看到他那一身豪华装扮，个个看傻了眼，并列两旁，肃然起敬地为他开出一条路。

高挑的身材，白皙的脸庞，配上眉宇间流露出的沉稳神色，以及脸上的温和笑容——喔，这是位何等高贵的武士啊！左看右看，都不像是即将踏入生死之地的人。

小次郎在支持者的簇拥下，搭上藩主特赐的船。船上另有两名藩士，一名掌舵，一名摇桨。船一离岸，人们齐声欢呼。众人口中不停称赞小次郎临危不乱的风范，并心中期待他能够获胜。

船航行在船岛与小仓之间。海峡浪潮汹涌，天空和海水一片澄蓝，天气晴朗，只是浪头高了一点。小次郎取出身上的护身符、祈祷文、阿姨精心缝制且绣着梵文的衣服，全部抛入海里。对于即将踏入生死之地的小次郎来说，如果心中还挂念着某某人，或是怀有任何感情牵绊，都将会影响到他比武时的情绪。他觉悟到，人，只有自己才是唯一可以信赖的。

另一方面，武藏在对岸也在做同样的准备。时间非常紧迫。武藏孤寂地坐在房门紧闭的房间内，身边摆着笔墨纸砚，面对着一张白纸。要画什么呢？白纸犹如空无一物的天地，一笔落下便能无中生有，画者的画心会永远留在画上。人的肉体终将返回尘土，画则不会，画者的内心世界可以永存。武藏似乎全然忘却了比武之事。

旅馆主人轻声拉开纸门。

"武藏先生，真抱歉，打搅您作画。"

武藏回过神来，回应："喔，老板，快请进来，为何客气地立在门外？"

"不是，今天早上您不能再作画了，时间快到了。"

"我知道。"

老板催促完，换老板女儿来催促。她告诉武藏，藩里的船已来催促两次了。

武藏交代将画好的泼墨山水画送给老板，另外一幅柳树鹭鸶画则送给船老大。

海峡的潮水快速如急流，风很大。武藏坐在船内，凝视着前方问船老大："要花一点时间才能到吧？"

"这点风和潮流不算什么，根本不碍事。"

"是吗？"

"话虽如此，时间好像太晚了。"

"嗯。"

"已经过了辰时。"

"几时可以到达船岛？"

"大概是巳时。不，应该是过了巳时才会到。"

"这样正好。"

之后，武藏瞄到船底弃置不用的木桨，请求船老大将木桨送给他。船老大答应后，武藏拔出小刀，专心削起搁在膝上的木桨。

　　船岛很小，顶多只有二平方公里，北边是一座高丘，有很多松树；南边则是一片平坦浅滩，延伸至海面。从丘陵到平地的海边，是今天的比武场地。沙滩不远之处，见证人以及官员们早早便在树与树之间围上幔帐。离约定的时辰已经过了两小时，大家都等得极为不耐烦。

　　"武藏来了！"立在海边的藩士大叫。

　　佐佐木小次郎听后，从山丘上走下来。他先向见证人们行礼，之后，静默地走向海边。

　　武藏乘坐的船只抵达沙滩之前，武藏便跳入海水中，快速走向沙滩。

　　小次郎看到武藏，先开口：

　　"武藏吗？"

　　武藏立在海水中，微微一笑：

　　"你是小次郎吗？"

　　小次郎的眼光杀气腾腾，双眸在燃烧。武藏的眼神却毫无杀气，宛如深邃的湖水。两人都立在海水中。浪花不停溅向武藏手中的船桨木剑尖端。小次郎大喊：

　　"武藏！"

　　"……"

　　"武藏！"

　　武藏依然默不作声。

　　"你怯场了吗？还是另有计谋？总之，你是个懦夫！竟然迟到了一个时辰！你每次都故意迟到，可是，我不吃你这一套，你最好要有心理准备，堂皇正大地死去吧，免得遗臭万年。来吧！武藏！"

小次郎拔出长刀，同时将刀鞘抛入海中。武藏见状，开口：

"小次郎，你输了。"

"什么？"

"胜负已分，你输了。"

"你凭什么？"

"如果你有胜算，为何抛弃刀鞘？抛弃刀鞘等于抛弃了你的性命。"

"胡说八道！"

"可惜啊，小次郎，你气数已尽。"

"过来！"

"好！"

武藏踢着海水，飞奔至小次郎左方的沙滩。小次郎沿着沙滩追上去。武藏的双脚刚踏上沙滩，小次郎便挥下长刀。可惜，刀尖只从武藏头上掠过。

武藏一直背对着海。小次郎则面对着海。正午的阳光反射在水面，小次郎处于相当不利的地势。小次郎小步移动。武藏也缓缓向前移步。冷不防，武藏双脚离地，翻滚在半空。小次郎忙将长刀挥向空中。一道鲜红血迹溅开来。小次郎眼中浮出笑意。

四周一片静寂。松树沙沙作响。白云悠悠晃过。

武藏回过神来，发现小次郎躺在离自己约十步远的沙滩上。脸上带着笑意。原来小次郎临死前看到的那道血迹，是武藏额头上的红巾。

武藏默默地走到小次郎身边，屈膝跪下，伸手探看小次郎的鼻头，发现小次郎还有一丝气息，立即松了眉头。

"也许有救。"

武藏内心十分欣慰。他不希望这位武艺与自己旗鼓相当的剑客，丧命在这场比武中。武藏双手伏地，向幔帐方向行了一个礼，接着提着滴血未沾的木剑，快步奔向北岸，跳进船内。小船，渐行渐远，不知驶向何方。

以上是吉川英治的"岩流岛决斗"剪辑场面。

接下来，我们来考证史实。首先，为什么武藏和小次郎不得不决斗？如果只是为了扬名，私斗便可，实在没有必要动员官员与藩士。此外，许多古文献均留下这场大规模决斗过程的详细描述，但是有关决斗的原因，却始终保持沉默。为什么？

我们先来整理一下当时的时代背景。

九州丰前小仓藩（福冈县）藩主是细川忠兴①，细川忠兴与其父细川幽斋②都是织田信长重用的大名，细川忠兴更是明智光秀③的女婿。妻子是日本史著名的那位细川伽罗奢④（洗礼名）。明智光秀篡弑织田信长的"本能寺之变"爆发后，细川忠兴拒

---

① 细川忠兴（1563—1646）：九帅丰前小仓藩第一代藩主。
② 细川幽斋（1533—1610）：战国时代至江户时代初期的武将、大名、歌人。"幽斋"是雅号，本名为细川藤孝。
③ 明智光秀（1528—1582）：织田信长家臣。
④ 细川伽罗奢（1563—1600）：细川忠兴正室，明智光秀的女儿。

▶《诸国名所百景/丰前小仓领海岸之景》,是岩流岛。现今两人决门处竖立了纪念雕像。

绝岳父的引诱,站在丰臣秀吉这一方。丰臣秀吉过世后,他又立即见风转舵,设法接近德川家康,日后在"关原之战"中立下战功,德川家康于是分封他为丰前国小仓藩主。细川忠兴也是日本茶道创始人千利休[①]的七哲弟子之一。

细川家是俸禄将近四十万石的大藩,改封领地之后,国内治安还算良好,只是内部纷争频仍。所谓内部纷争,是藩主派与三男细川忠利[②]派之间的对立。对立的原因是藩主采取迫害天主教耶稣会教徒政策,儿子却坚守保护政策立场。当时,日本总人口大约是两千五百万,天主教信徒约有五十万。

佐佐木小次郎是藩主宠爱的剑术师傅,宫本武藏则与细川

---

① 千利休(1522—1591):日本茶道宗师。
② 细川忠利(1586—1641):丰前小仓藩第二代藩主,肥后熊本藩初代藩主。

忠利的家臣之首有前缘（据说，细川忠利的家臣之首是宫本无二斋的弟子）。再者，小次郎赴会时所搭乘的船只，是藩主特赐的；而武藏所搭乘的船只，则是细川忠利这一派准备的。此外，武藏终生郁郁不得志，晚年客寄于熊本藩藩主那一段时期，受到藩主不合常理的厚待，而此时的熊本藩藩主，正是细川忠利。由此看来，"岩流岛决斗"是不是极有可能是"代理战争"？也因此，决斗之后，武藏为了逃避藩主派的追杀，才不得不再度步上漂泊之旅吧。

至于武藏当天迟到两小时之说，其实有个很有趣的比照。武藏过世九年后，其养子宫本伊织所建立的"小仓碑文"中，没有武藏迟到这个事实。二十七年后，"岩流岛决斗"见证人沼田家所记录的《沼田家记》中之《船岛决斗见闻录》，也没有武藏迟到这种说法。六十九年后，取材自武藏的第三代弟子口述所记录下的《本朝武艺小传》，更没有武藏迟到之类的记述。那么，武藏到底是何时才开始迟到的？原来是在一百三十一年后的《二天记》中，武藏才"开始"迟到的。过世后一百三十多年才"开始"迟到，这，合理吗？

另外，比武当天，武藏所持的木剑，真的是渡海时在船内用小刀削成的吗？武藏的船是从下关港出发，而下关港离船岛仅有两公里左右，就算是当天风大浪高，也不可能会超过半个小时。半个小时内，有办法用小刀将船桨削成一把木剑吗？何况，武藏当天所持的木剑，长达一百二十六点八厘米。

当然，我们不能怪吉川英治歪曲了史实，毕竟，吉川英治笔下的《宫本武藏》，重点是武藏的求道精神，而非其生平纪实。何况，吉川英治的《宫本武藏》所依据的基本文献，其实

034 「物语日本」

▷ 岩流岛的宫本武藏,歌川广重画。

也是《二天记》。话虽如此，我还是想澄清完全违反"武士道"精神的"武藏迟到"之说。不为什么，只是想保住宫本武藏的名誉而已。不过，提到武藏的名誉，我又想起《船岛决斗见闻录》中记载，佐佐木小次郎确实没有当场死亡，他在武藏离去后又苏醒过来，躲在一旁观看的武藏弟子发现此事，活活将苏醒过来的小次郎再度打死。为此，武藏一直遭佐佐木小次郎的众多弟子追杀，最后在细川忠利家臣之首所派遣的枪炮队护卫之下，好不容易才逃出小仓藩。

仔细想来，宫本武藏的著作《五轮书》里没有船岛决斗这段记述，而船岛于决斗事件后被称为"岩流岛"（"岩流"是佐佐木小次郎的称号）。按一般看法来说，不是应该冠上胜者的名字称为"武藏岛"吗？为什么冠上败者的称号呢？由此可以想见，对宫本武藏来说，无论迟到与否，"岩流岛决斗"大概是他最不愿意留下的一段记忆吧。

"岩流岛决斗"之后，武藏便禁止自己再开杀戒。其实，严格说来，二十五岁开始，武藏便改变了比武方式，不再轻易夺取比武对手的性命，通常是点到为止，要不然便是完全不给对方有出手的可乘之机。

一六一四年十一月、十二月的"大阪冬之阵"，与翌年五月的"大阪夏之阵"，是战国乱世的终曲，德川家康在这两场战争中，彻底歼灭了丰臣秀吉遗族。一般公认的说法是，当时三十一岁的武藏参加了"大阪之阵"，而且是败军丰臣派这一方。然而，有关这场战役的记录文献上，始终找不到武藏的名字。此外，武藏的另一养子三木之助①，于"大阪之阵"四年后，到本多家任职家童，由此看来，即使武藏参与了"大阪之阵"，也不可能是败军丰臣派之一员。

本多家是代代臣服德川幕府的诸侯，三木之助的主君是姬路城城主本多忠刻②，忠刻的正室是丰臣秀赖③的原配妻子千姬④，也是德川家康的孙女。大阪城陷落前，千姬被拯救出来，日后德川家康再命千姬嫁给本多忠刻。"关原之战"之后，参与西军的武将仍有可能找到仕路，但是，"大阪之阵"时环境已变，德川家康想终结战国乱世的意志非常坚定，猛烈追讨丰臣余党，如果武藏是丰臣派一员，本多家绝对不会任用武藏的养子。因此，武藏很可能没有参与"大阪之阵"。

二十九岁至五十五岁期间的武藏，行踪无定，后人无法寻出他在这段时期的足迹。历史学者们也只考证出武藏于四十七岁那年，曾经在德川家康九男、尾张名古屋城城主前，同城主的家臣比武过。五十五岁那年，则与德川家康孙子、出云松江藩（岛根县）藩主实际交手过。可见，步入中年以后的武藏，已经知名当世了。

"岛原之乱"爆发时，武藏正好在北九州小仓城当客将。"岛原之乱"是农民和基督教教徒联手举兵的叛乱，武藏在这场镇暴战役中，不知为何，竟然冲到最前线，惨遭叛军的投石

---

① 宫本三木之助（1604—1626）：宫本武藏的养子。
② 本多忠刻（1596—1626）：德川幕府的诸侯。
③ 丰臣秀赖（1593—1615）：丰臣秀吉之子。
④ 千姬（1597—1666）：江户幕府二代将军德川秀忠长女。

攻击，腿部受伤，结果未立下战功便先退居后方养伤。有关这点，武藏曾写了一封书简给大名有马直纯①。能够和大名直接通信抱怨自己因受伤而没有立下战功，足以证明武藏在当时的确已经是位名士。但是，武藏为什么始终无法像柳生新阴流一族那样，归附将军门下当剑术师傅呢？或像剑圣上泉信纲那样，拥有多数资优门生，且派生不少一脉相传的剑术流派呢？

有关这点，京都艺术大学教授、也是日本国画画家的大野俶嵩②先生，根据武藏留下来的水墨画线条，推测出一个结论：武藏极有可能是左撇子。

简单说来，武藏正因为是左撇子，才无法广传剑术给一般藩士。连其养子宫本伊织都说过："其实我没有学得养父传授的剑术。"我想，这应该不是"没有"学得，而是一般右撇子的人，"无从"掌握左撇子剑客的窍门吧？

自战国时代末期直至德川幕府初期，武藏一直在东寻西觅做官的机会，这可从各地大名都与他有过交流一事，略见一斑。然而，他那与众不同的身躯与左撇子的特征，令他无法传授剑术给他人。于是，名声愈高，武藏反而愈孤独；年纪愈大，便愈是高不成、低不就。

武藏终生厌恶洗澡，披发垢面，避讳女色，跣足蓬头。"岩流岛决斗"之后的二十八年间，他的人生，几乎是一片空白。在这期间，武藏的内心世界到底有些什么变化？武藏的身

---

① 有马直纯（1586—1641）：安土桃山时代至江户时代前期的大名。
② 大野淑嵩（1922—2002）：日本画家。

边又到底发生过什么事？这一切的一切，都是一团谜。只是，爱知县以南到北九州那一带，各地均留有武藏的轶事传说，后人只能由此推断，武藏的一生，就像是一片浮萍，随水荡漾，随波逐浪。

武藏五十七岁那年，接受熊本藩藩主细川忠利的礼请，到熊本养老。晚年的武藏，虽然没有任何官禄，但生活并不穷苦。此时，战国时代已经结束，战国大名均变成德川幕府掌管下的地方自治藩主，相当于现今的县长。武藏的养子宫本伊织是明石藩（兵库县）藩主的家臣之首，官禄四千石，身份地位相当高。武藏尽可以大模大样地寄居在养子处，却迢迢渡海到九州中部的熊本，实在令人不得不联想到"岩流岛决斗"的内幕。

细川忠利是五十四万石大名，当然养得起武藏。问题是，武藏的俸禄，到底要给多少？按照当时的行情，剑术师傅的俸禄顶多是三百至五百石，否则会招引其他家臣不满。细川忠利向武藏暗示，最高可以加到一千石。武藏抵达熊本后，为了避免一切莫须有的猜忌，干脆亲自提笔写下"条件"，要点是：马一匹、与身份相称的甲胄兵器些许，其他什么都不要。结果，武藏的待遇如下：

身份：宾客。

俸禄：七人扶持[①]，现米三百石。

寓所：熊本城东部千叶城内。

细川忠利比武藏小两岁，可以说是同一年代的人，他是唯一打心底崇敬武藏的大名。不但改造武藏的寓所，连放鹰打

---

① 扶持："一人扶持"为五袋糙米，意思是可以雇用一名随从或女佣。

▷ 宫本武藏晚年自画像，十七世纪前半叶，岛田美术馆所藏。

▷ 宫本武藏晚年蛰居在熊本市西郊金峰山灵岩洞,完成了《五轮书》。©STA3816, CC-BY-SA-3.0。

猎时都召唤武藏相陪。武藏晚年最喜欢的句子是"士为知己者死",而此处的"知己者",指的正是细川忠利。这一段日子,大概是武藏一生中最为幸福的时期。

遗憾的是,安稳日子并不长。一年后,细川忠利病逝。为了吊祭毕生唯一的知己,武藏执笔写下《兵法三十五条款》。两年后,蛰居熊本市西郊金峰山灵岩洞,花费两年时间,完成了《五轮书》。临死前,又写下自戒之辞《独行道》。此外,亦留下恬淡画风的水墨画,以及各种简朴优美的刀剑小道具。

咽下最后一口气前,武藏硬撑着身子起床,整衣敛容,配

> 熊本市东部的武藏冢公园,面向细川藩主赴任江户必经之路的大津街道。

> 武藏冢公园内的宫本武藏铜像。

> 武藏冢公园内的宫本武藏墓冢。据说这里是依据武藏遗嘱,让武藏身着甲胄埋在此地。

上护身刀，支起一条腿，以另一长刀当支柱，正襟危坐，离开人世，享年六十二岁。入棺时，依照武藏遗嘱，身着甲胄，葬于细川家藩主往返江户赴任时的"参勤交代"[①]大津街道（旧东海道）旁，以便武藏于黄泉之地，也能护卫细川家代代藩主。

[①] 参勤交代：各藩大名须前往江户居住，为幕府执政一段时间，再返回自己的领地。大名的正室与儿女都必须长期住在江户，成为幕府人质。

第二节 承先启后一代剑圣·上泉伊势守信纲

▷《爱洲险流传书》(传授秘法世代相传的书籍),共四卷,十六世纪抄本。东京国立博物馆所藏。

上野国（群马县）赤城山南方山麓（前桥市），有一座小城，城主代代是大胡氏。一五〇八年，当代城主嫡室产下了一名男婴，取名秀纲[1]。此男婴，正是日后的剑圣——上泉伊势守信纲[2]。（伊势守，是伊势国守领，相当于现代的三重县县长。）

秀纲自小跟随父亲学习兵法文史，二十二岁那年，得到父亲许可，前往常陆国鹿岛（茨城县南部鹿岛市）。剑术名人爱洲移香斋[3]当时旅居常陆国鹿岛，秀纲想去拜他为师。

爱洲移香斋本来是伊势国（三重县）人，谙练"猿飞之术"，自封"阴流"，曾经周游各国锻炼武艺，为了参拜供奉武术守护神的鹿岛明神社，暂住鹿岛。爱洲移香斋听闻来人是大胡城主嫡子，爽快点头：

"猿飞之术修行极为苛刻，你耐得住吗？"

"当然，在下愿意接受任何苦行。"

爱洲移香斋微笑着，带领秀纲来到院子。移香斋拉了一把拴在树根上的绳子，突然，一只猴子出现在秀纲眼前。

"你先学猴子爬树吧。"

秀纲听了很不高兴。远路迢迢快马加鞭慕名来到这里，竟然要我学猴子爬树？

移香斋察觉秀纲内心的不满，顺手取了一把木刀和一支竹棒，淡然道：

"你用这把木刀，朝着我的头顶直砍过来。我们来试试，到

---

[1] 秀纲：后被信玄赐予"信"字，又称信纲。
[2] 上泉信纲（1508—1577）：日本战国时代的兵法家，日本剑术知名流派新阴流开创者。
[3] 爱洲移香斋（1452—1538？）：室町时代末期的兵法家。

底是你的木刀速度快，还是我的竹棒速度快？不用客气，尽力砍过来。"

秀纲只好举起木刀，双手握住刀柄，刀尖对准移香斋双眼之间，摆出中段构元①的晴眼架势。

移香斋右手握着竹棒，竹尖斜斜朝下，摆出下段构元②的架势。

血气方刚的秀纲，望着眼前这位瘦骨嶙峋的老人，一副欺人太甚的模样，不禁怒形于色，举刀用力直砍下去。

秀纲的木刀刚要落在老人头顶那瞬间，说时迟、那时快，老人闪了一下身，跳跃起来，手中的竹棒狠狠落在秀纲头上。名副其实的猴子身手。

"如果我手中是木刀，你早就一命呜呼了。"

秀纲目瞪口呆。树下的猴子在一旁吱吱大叫，宛如在嘲笑说：狗眼看猴低，就让你去吃狗屎！

整整三个月，秀纲一直跟在猴子后面，勤练爬树、跳跃、翻转等"猴术"。

又过了两季，秀纲总算掌握住"阴流"初步剑术。移香斋依依不舍地向弟子道：

"我只能教到这个地步，往后你必须自己反复钻研，设法创出自己的招数。我老了，想回故乡悠闲度余生。"

---

① 剑尖对准对手的面部或喉部，又细分为"五眼"，正眼（对准喉部）、晴眼（对准两眼之间）、青眼（对准左眼）、星眼（对准脸部正中心）、脐眼（对准胸膛下部的肚脐附近）。
② 剑尖朝下，又细分为三种，对准肚脐（刺胸部）、对准小腿（刺腹部）、对准脚尖（刺大腿）。

秀纲请师父到大胡城暂住几天。临别前，老师父又谆谆嘱咐：

"你是将来得肩负大胡城命运的城主身份，因此，我这样说，也是出于一片苦心，你好好听着。所谓城主，并非剑术超群便可以稳如泰山。城主最重要的责任，是如何击败敌方的攻击，守住自己的城池、保护自己的兵士。我传授给你的剑术，在战场上，其实一点都不管用。你应该去学兵法战术，最好到信浓国（长野县）小笠原家学小笠原流兵法。毕竟，一旦城池陷落了，身为城主的你，便会一无所有。"

"请师父安心，徒儿一定听从您老人家的指示，专心学小笠原流兵法。"

师生这一别，竟成了永诀。移香斋一度回到伊势国老家隐居，之后，再度浪迹中国地方（本州西端五县）南部八国。晚年，跑到九州日向国（宫崎县）当上神官，最后客死于日向国，享寿八十七岁。

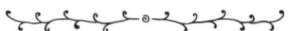

秀纲二十五岁那年，动身到信浓国深志（长野县松本市），拜谒城主小笠原氏隆①，请求传授小笠原流兵法。

小笠原家自十四世纪的室町时代以来，世世代代一直是幕府与皇室所器重的兵法师傅，礼法、兵法、弓马之术，均自成一家。氏隆听闻秀纲是大胡城主的公子后，当然隆重礼遇秀纲。

---

① 小笠原氏隆：战国时代的兵法家。生卒年不详。

只是，世代相传的兵法，怎能随便传授给他人？于是，氏隆唤来城内剑术最高超的三位武士，请秀纲展现一下爱洲阴流的剑术。

三位武士看到秀纲手上的竹棒，内心感受同当初秀纲看到移香斋手中的竹棒一样，以为秀纲太小看了他们，怒不可遏。秀纲用竹棒轻而易举地将三位武士手中的木刀，弹到天花板后，众人才叹为观止，另眼看待。

秀纲在小笠原家足足逗留了三个月，授受了小笠原流兵法精粹。告辞之际，氏隆面带忧色道：

"运用你学到的兵法，万请固守住大胡城。甲斐国（山梨县）的武田信虎①，势必会伺机攻打上野国，我们这儿，也是危若朝露……"

氏隆说的没错，时值战国时代，任何人都无法预知自己的命运于明日将变得怎样。前半生的秀纲，身份是城主继承人，后人尊称他为"剑圣"，主要是因为他后半生的坎坷经历。而影响秀纲走上"剑术艺人"之路的武田信玄②，这一年，刚好十二岁，还是个乳臭未干的毛孩子。

秀纲四十五岁时，相模国（神奈川县）小田原第三代城主北条氏康③，派兵攻打关东管领上杉宪政④居城。宪政抵不住，抛弃居城，逃到越后国（新潟县），并将管领权限与望族家名让

---

① 武田信虎（1494—1574）：甲斐守护大名和战国大名，武田信玄之父。
② 武田信玄（1521—1573）：日本战国时代名将，人称"甲斐之虎"。
③ 北条氏康（1515—1571）：战国时代的武将、大名。
④ 上杉宪政（1523—1579）：室町幕府的关东管领当主，上杉谦信的养父。

给"越后之龙"上杉谦信①。家臣之一的秀纲,只能招兵买马,储备军粮,严阵以待。

秀纲四十八岁那年,北条果真派兵攻打大胡城。大胡城位于要塞,秀纲也做了众多事前防备,但是,小城终究是小城,尽管城内有上千兵员,毕竟敌不过北条派出的五千大军。秀纲只能拱手让出大胡城。

战国时代,遇上这种情况,按照当时的常理,城主通常必须切腹自戕。不过,北条却饶了秀纲一命,目的是想于日后说服秀纲,请他加入自己的臣子行列。

之后,关东地区一直陷于北条氏康、武田信玄、上杉谦信三霸主互相争权夺势的战乱中。此时,秀纲的立场是箕轮城城主的武将之一。箕轮城城主向来是关东管领手下最有力的忠臣,只是,管领自己都将权限让给养子上杉谦信了,要不是身边有十六名身手非凡的武将,哪能撑到今日?十六武将中,包括了秀纲。

孤军奋战了几年,箕轮城城主终因不支而倒。后继者当时年仅十八岁。第二年,武田信玄派出两万大军攻打箕轮城。年轻的城主率领一千五百名兵员,死命抵御,最后身负重伤,留下一首辞世诗"春风阵阵吹,梅花樱花絮絮落,四下纷飞矣,徒有城名垂青史,呜呼箕轮乡",毅然切腹身亡。

秀纲当时守在城堡后门,得知城主自戕的噩耗后,悲痛万分,决心率领残余手下跟随城主玉碎。布置好突击队阵势,正

---

① 上杉谦信(1530—1578):日本战国时代的大名,人称"越后之龙",后人誉为"军神"。

> 北条氏康,《太平记英勇传》卷二《北条左京大夫氏康》,落合芳几画。

要挥下军旗之际,手下前来报告:"武田军使者驾临!"

这一刻,正是扭转秀纲后半生命运的转折点。

武田信玄派来的使者是自己的女婿,也是武田二十四将之一的穴山梅雪①。武田信玄极想保住秀纲性命,才会派出这么重要的人物当使者。

穴山梅雪朗声传达信玄口信:

"胜败乃兵家之常,信玄由衷佩服上泉阁下以寡敌众之忠。唯,阁下已尽了武士之道,毋庸再浪掷性命,事已至此,烦请阁下解甲休兵,以便日后尽展所长,以益天下。"

信玄的口信,不但殷勤有礼,且头头是道。于是,恭敬不如从命,秀纲跟随信玄来到甲斐国。

秀纲在甲斐国受到厚待,信玄又赐予秀纲自己的名字"信"一字,并封秀纲为"伊势守",剑圣——上泉伊势守信纲,于是乎诞生。

其实,信玄迷上的,可能不是信纲的剑术,而是信纲长年来的武将经历与兵法学问。这一年,信纲五十五岁,信玄四十二岁,为了达成称霸天下的大志,信玄当然渴望信纲成为自己的左右手。但是,信纲迟迟不肯首肯,坚守"客将"身份,权当武田家剑术师傅。

信纲在信玄身边待了两年,某天,终于向信玄坦诚道:

"在下已无意仕宦任何诸侯大名,余生只想专心致志于剑术。请容在下辞别贵国,远行他乡游学练武。"

两年来,信玄大概也明白信纲志在四方的心愿吧,只能点

---

① 穴山梅雪(1541—1582):日本战国时代武将。

> 武田信玄,《太平记英勇》卷四《武田大膳大夫晴信入道信玄》,落合芳几画。

头答应。不过，临别前，豪放不羁的信玄，竟然宛如怨妇一般，恋恋不舍地要信纲写下血印盟书，立愿：除了武田家，绝对不臣事其他大名。信纲当然欣然照办。

不久，五十七岁的信纲带着两名弟子，告别了武田家，步上上京（京都）之途。这个时代，身怀一技之长的人，都会想尽办法到上京寻求出人头地的机会。

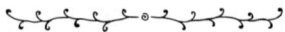

一七一四年写成的《本朝武艺小传》古书中，有这样一个故事：

话说，信纲带着两名弟子，途经尾张国（爱知县）某农村时，发现村里的人们聚集在一户人家前，吵吵闹闹。信纲命弟子去问根底，原来是有个越狱罪犯，逮住一个在路边玩耍的小孩扣作人质，据守在那户人家。

"歹徒是个流浪武士，手上有武士刀，威胁着只要村人闯进来，将一刀捅死孩子。孩子的娘，在一旁大哭大喊，束手无措。村民们已经包围了一夜两天，也是无可奈何。"弟子说道。

信纲听毕，走到这户人家前，向一位惶惶然的僧侣说：

"麻烦帮我剃发，并借用一下您身上的法衣，我来想办法救小孩出来。"

僧侣当场为信纲剃发，又脱下身上的袈裟。化身为僧侣的信纲，命村民握了两个饭团，拿着饭团，挨近这户人家门口。打开门一看，眼前果然有个流浪武士，用武士刀抵住孩子胸前，大喊：

"和尚没事别多管闲事!你进来干什么?再靠近一步,我就送这个小崽子上西天!"

信纲心平气和道:

▷ 一九五四年四月上映,黑泽明导演的《七武士》。该电影的剧本作家桥本忍曾说明,电影里的中年领导者原型正是上泉伊势守。© 东宝电影公司。

"先别那么说,你先镇定下来。你看,孩子饿得哇哇大哭,是不是太可怜了?我带来饭团想给孩子吃。再说,你也应该饥肠辘辘才对吧?我是和尚,在我看来,恶人也是佛子,喏,我手上有两个饭团,一个是给你的,接住啊。"

说毕,信纲立即抛出一个饭团。突如其来的动作,令歹徒没时间多加思考,本能地伸手接住饭团。信纲旋即再抛出另一个。接踵而来的两个饭团,令歹徒不由自主丢下手中长刀,伸出右手想接住饭团。岂知,歹徒的右手没有接到饭团,反倒被信纲扣住,再一个翻转,歹徒便浑身无法动弹,有如老鹰爪下的小鸡。

这段插曲,曾经被黑泽明①编入他导演的电影《七武士》中。总之,将近六十岁的信纲,虽然身经百战、老成练达,但为了救一个小孩,却也不会自恃武功超群而贸然行动。他先化身为僧侣,令歹徒失去戒心,再考虑到孩子的危险,以饭团夺去歹徒手中凶器,万事准备周全,最后才敏捷付之行动。难怪"甲州之虎"的武田信玄,硬要他立下血印盟书,才肯放他周游列国。

信纲一生中,第二个转折点,正是同柳生石舟斋宗严比武那一日。

"柳生之里"位于奈良东方二十公里左右的深山中。领主是柳生宗严的父亲。此时的宗严,由于在某一场战乱中负伤,正

---

① 黑泽明(1910—1998):日本电影导演。

隐居在乡里养伤。宗严是中条流剑术和新当流剑术的高手，素来有"近畿第一剑客"之称。

某天，宗严收到一封奈良宝藏院胤荣师傅送来的信。信中邀请说："上野国来了几位有名兵法者，上京途中逗留在寒舍。阁下能否过来一趟，彼此较量一下，以便参考。"

宝藏院的胤荣师傅，是位非常喜欢武艺的和尚，时常优待自诸国上京来游学练武的豪侠武士。当时，寺院内寄宿了数十名剑术超群的剑客。胤荣师傅既然特意托人捎信来，可见宝藏院真来了高手。宗严当然不肯放过这种机会，马上驱马直奔宝藏院。

迄今为止，宗严从来没听闻过"新阴流"这个称号，也未曾耳闻过"上泉信纲"这个名字。也难怪，信纲当时在关东一带虽然遐迩闻名，但在关西一带却仍是名不见经传的"乡下剑客"。也因此，当时一些怀有特殊技能的"艺人"，例如俳人（俳句）、茶人（茶道）、剑士、能役者（能乐）等，都会在周游诸国之后，汇集在京都，争妍斗艳。这些人，统称为"艺者"。

宗严与信纲会面后，当场提出交手请求。

"当然可以。请先同弟子文五郎[①]交手。"信纲微笑着回答。

宗严听毕，刷地变了脸色。显然，近畿第一剑客的自尊严重受创了。（乡巴佬……好！就让你们开一下眼界，瞧瞧什么才是真正的剑术！）

胤荣师傅的道场，挤满了各界剑客与该院僧侣，众人皆屏气凝神，观看宗严与文五郎的交手过程。

---

① 疋田文五郎（1537—1605）：新阴流兵法家。

文五郎瘦骨伶仃的，身上穿着也很寒酸。宗严再瞄了一眼信纲，左看右看，依然看不出哪里厉害，明明是个乡巴佬而已。宗严想起当时闻名近畿的新当流之祖——冢原卜传。人家周游诸国时，身边总有三匹随行马、八十名弟子，并有三千石收入。哼，那才是真正的兵法师！

宗严举起木刀，摆出上段构元①架势。他相信，仅需一手，便可以令对方俯首帖耳。但是，文五郎只是飘逸地立在原地，手中的竹棒，也是随意垂在一侧。没有任何架势！怎么回事？

不行。这是个不可小觑的家伙。宗严全神贯注地寻找文五郎的破绽。可是，对方虽那样若无其事地立在自己眼前，四周却宛如有重峦叠嶂，寻不出空隙可以击下。时间毫不留情地分秒流逝。宗严背脊发凉，开始头昏眼花起来。

文五郎始终淡漠地望着宗严。冷不防，文五郎笑盈盈说道："抱歉啦。"

话声未落，宗严头部已中了一刀。喔，不，是中了一棒。信纲和弟子们向来用的都是"袋竹刀"。先将竹子剁成数支竹条，再装进皮袋内，这样，与别人交手时，便不会伤到对方。这是信纲发明出的剑术练习刀，第六代正宗继承人又将其改良为类似今日的竹刀，并发明出防护具，往后一直持续改良，沿用到四百多年后的今日。

虽然袋竹刀不会伤人，但这一手是高手击中的，宗严顿时目眩眼花、脚步踉跄，几乎要气绝。

好不容易才回过神来，宗严深呼吸一口气，再度重整架势。

---

① 高举刀，做劈砍之势，又分为左上段、右上段。

"再、再来一手。"

话声未落，这回换宗严先跃起，直砍下去。手法好像有点卑鄙。可是，在众目睽睽之下，近畿第一剑客怎能就这样作罢？

"抱歉啦。"又是笑盈盈的一声。

宗严头部又中了一棒。这……这……怎么回事？宗严甚至连对方什么时候举起竹棒的，都没看清楚！这到底是什么鬼招数？

按常规来说，宗严既然败在信纲弟子手下，应该无颜再要求信纲同自己交手。但是，或许是力图上进，也或许是不服气，宗严竟厚着脸皮当众请求信纲赐教一手。信纲也点头应允。

当信纲立在宗严眼前时，宗严是全力以赴、不遗余力地与信纲对峙着。无奈，如果文五郎四周有如重峦叠嶂围拢着，信纲四周则有如八水三川环绕着，宗严只能望洋兴叹，最后抛下木刀，跪地拜信纲为师。（以上记述出自一六九六年出版的文献《武功杂记》）

此时，信纲五十七岁，宗严三十六岁。

宗严热忱要求信纲一行逗留在柳生之里，权当柳生一族剑术师傅。

信纲到底在柳生之里逗留了多久，众说纷纭，各类古书中也没有明确记载。只知道，信纲在接到嫡子阵亡的讯息后，留下弟子文五郎继续在柳生之里教授新阴流剑术，自己则带着另一名弟子与一名柳生家臣，告别了柳生之里。

临别前，信纲留下一道"徒手夺刀术"课题，命宗严钻研开发新剑术。这正是"柳生新阴流"的起源。

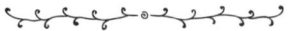

信纲上京后,第一件事便是在清水寺同"九州第一剑客"丸目藏人佐①交手。丸目藏人佐是肥后国(熊本县)大名相良氏家臣,当时二十五岁,是警卫太上皇宫的"北面武士"。据说,丸目藏人佐经常在清水寺竖起一面告示牌,自称"天下第一剑客",与来自全国各地的高手比武。直至信纲令他俯首拜尘之前,确实没有任何剑客胜过他。

真正令"新阴流"名满天下的,应归功于权大纳言山科言继②。山科言继是朝廷重臣,兼任外交官,由于朝廷内部极为穷困,终年为了张罗筹款,四方奔走于诸国大名家。信纲的亡父曾经应允山科言继的恳求,献款给朝廷应急。大概是这个缘故,令山科言继不辞辛劳在幕后全力支持信纲吧。

山科言继先在足利第十三代将军义辉③面前推荐了信纲。因此,信纲才能带领丸目藏人佐谒见将军,并在将军面前表演了剑术。这个时期,虽说将军的头衔已经有名无实,但是,在当时,区区一名剑客,竟能在持续了二百四十年左右的室町幕府将军面前献技,毕竟是一件极为了不得的事。熊本市丸目家现今依然保存有当时将军赐赏的奖状。可怜这位第十三代将军生不逢时,于翌年五月,遭逆党松永弹正④等人夜袭,自杀身亡,年

---

① 丸目藏人佐(1540—1629):江户时代初期的兵法家。
② 山科言继(1507—1579):战国时代的公卿贵族。
③ 足利义辉(1536—1565):日本室町幕府第十三代征夷大将军。
④ 松永弹正(1510—1577):松永久秀,日本战国大名。

仅三十岁。而信纲凑巧于一个月前离开了京都，再度前往柳生之里探望弟子柳生石舟斋宗严，因而没有卷入这场政变漩涡中。

信纲在与世无争的柳生之里，目睹弟子宗严完成了"徒手夺刀术"，喜出望外，当场授予宗严"新阴流"剑法证明书。这张证明书，日后一直是柳生家后裔的家传之宝。宝藏院胤荣师傅与丸目藏人佐，也各有一张剑法证明书，二者都完整无缺地留存至今日。

一五七〇年，信纲六十二岁，时值战国动乱末期。这一年，织田信长·德川家康联合军于"姊川之战"击败浅井长政①·朝仓景健②联合军，统一天下的计划刚刚就绪。而信纲也可以说是个老剑士了。山科言继的日记《言继卿记》中，在这一年更是频繁出现信纲的言行记录。据记载，信纲不是和朝廷文官们下棋，便是公开演讲小笠原流兵法。对于世间的变动，似乎无动于衷，只专心致志传授剑术。此时，京都各地拜信纲为师的人已多达数百名。

六月，天皇敕许信纲进宫，并叙授信纲"从四位下"与"武藏守"官职。"从三位"以上是摄政、关白、太政大臣、左大臣、右大臣之"公"，以及大纳言、中纳言之"卿"，因此，这个"从四位"算是极高的官职。在日本史上，能蒙受御览之殊荣，又获得高官职的剑士，前无古人、后无来者，独独信纲一人。

翌年七月，信纲又启程告别京都，八月，回到故乡上州上泉村。十月，宿敌小田原城主北条氏康病逝。两年后，武田信玄也于上京途中病逝。听到这些风闻，不知信纲内心有何感受？

野史记录，只留下信纲于一五七七年一月二十二日，在上

---

① 浅井长政（1545—1573）：日本战国大名。
② 朝仓景健（1536—1576）：日本战国武将。

▷ 新阴流兵法目录事,刀法"阴之霞"。据说是柳生石舟斋宗岩于一六〇一年传给能乐名角金春七郎氏胜之物,一七〇七年有经修改。奈良宝山寺所藏。相传金春七郎氏胜是兵法天才,而剑术和能乐的共通点是脚步运用。

泉村创建了西林寺,为亡子做了十三周年忌日佛事后,不久便过世了,享寿六十九岁。在他离开京都直至过世这几年间,到底在乡里过着什么生活,则没有任何记录。至于他的妻子与一族老少的相关事项,更不得而知了。

信纲的弟子中有不少杰出人物,例如"新阴流"第二代继承人奥山休贺斋公重[①],是德川家康的剑术师傅;柳生宗严的儿子柳生宗矩,则是德川幕府第二代将军与第三代将军的剑术师傅;丸目藏人佐回到九州后,自立"大舍流",剑术一直流传至明治维新时代。现今日本虽然有众多剑术流派,但是,归根究底,都可以回溯到上泉信纲的"新阴流"。这也是后人尊称他为"剑圣"的最大原因吧。

---

① 奥山休贺斋公重(1526—1602):新阴流兵法家、剑士。

第三节 影响现代剑道至深的
北辰一刀流·千叶周作

▷ 北辰一刀流创始者千叶周作。

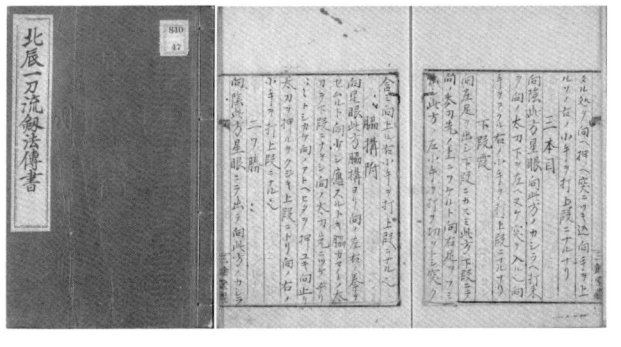

▷《北辰一刀流剑法传书》抄本与抄本内文。日本国立国会图书馆所藏。

有关北辰一刀流创立者千叶周作①的出生和成长过程,有各种说法,以下是史学家根据近年来的研究所提出的最有力见解。

据说,千叶周作的父亲是宫城县仙台气仙沼村人,在周作四五岁时,不知为何,竟带着三个孩子离开故乡,迁移至栗原郡荒谷村(宫城县大崎市)。远离故乡的理由不甚清楚,但根据仙台藩乡土史《东藩史稿》(一九一五年)记载,周作的父亲本为"南部藩(岩手县盛冈市)医师","因故而逃亡至荒谷村"。当时,气仙沼相继发生洪水、大火、歉收、藏王连峰喷火等自然灾害,说不定这正是周作的父亲离开气仙沼的主要原因。另一点是千叶周作的弟弟在这一年刚出生,但母亲没有一起迁移至荒谷村,如此看来,千叶周作的母亲可能在生下幺子后即过世,这大概也是周作的父亲带着三个幼儿远离故乡的原因之一。

父子四人起初寄居在某神社境内,父亲似乎在这时期习得北辰梦想流剑术,此事给周作带来很大影响。之后,父亲再度带着三个孩子离开荒谷村,前往距离江户不远的松户(千叶县)定居,靠医业和剑术为生。由于是外地人,父亲还要抚养三个孩子,生计应该并不轻松。

千叶周作十五六岁时,成为一刀流中西派浅利义信②的门生。浅利义信是松户人,在江户和松户都拥有剑术道场,更是若狭小浜(福井县)藩主酒井家江户宅邸剑术师傅。周作二十多岁时,浅利道场门生中已经没有人能敌得过周作,浅利便授

---

① 千叶周作(1793—1856):北辰一刀流创始者。
② 浅利义信(1778—1853):一刀流中西派师傅。

予周作剑术证明书,并将周作送进江户的一刀流中西道场。

本来自以为天下无敌的千叶周作,在江户的中西道场接受高手指导后,首次明白自己是井底之蛙。入门三年,周作获得了中西本家的剑术真传授予证明书。从江户返回松户的周作,在师傅浅利的强烈要求之下,成为浅利的养子,并娶浅利的侄女为妻,正式登上浅利道场接班人之位。然而,周作逐渐和养父对立,因为周作想融合一刀流与父亲传授的北辰梦想流剑术,创立新流派,但师傅兼养父的浅利坚决反对。

为了此事,周作烦恼了许久。若留在浅利道场,成为第二代浅利接班人,虽然前途稳定,但绝对无法超越耸立在头顶的一刀流中西派,也绝对无法创新独立。周作多次与养父发生口角,最后决定退还剑术授予证明书,带着妻子儿女离开浅利道场。对浅利来说,周作此举相当于忘恩负义。他好心照顾一个来自外地的穷人家孩子,并将这孩子培育成道场接班人,没想到这孩子竟做出过河拆桥的事。而对周作来说,为了洗刷忘恩负义的臭名,他无论如何都要创立新流派,并在江户开设规模超过中西和浅利两家道场的剑术道场。

周作离开浅利道场不久后即走投无路。他在代替养父担任若狭小浜藩主酒井家的剑术师傅时,以为自己已经算得上知名剑士。不料,在失去养父的羽翼庇护之后,他才明白自己在社会上完全是个无名小卒。即使他在江户日本桥品川町住居大门挂出"北辰一刀流"招牌,也无人问津。再这样下去,说不定会让妻子儿女先饿死。周作思前想后,决定孤注一掷,离开江户,巡游列国,于是留下妻子儿女,踏上长达三年的剑术修炼旅途。江户挤满了大大小小的各种流派剑术道场,若想在江户

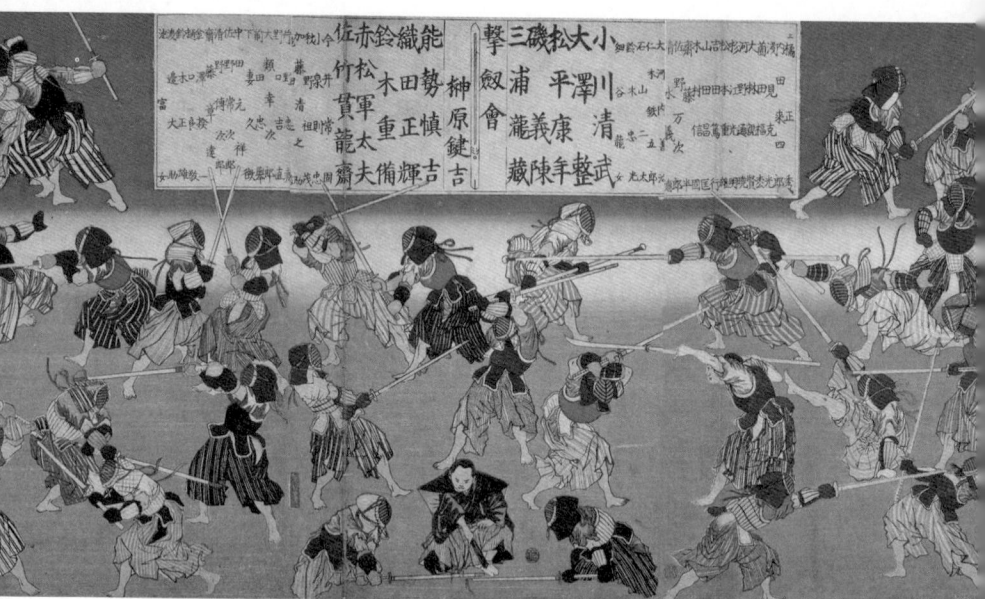

▷ 明治时代有许多人学剑术。图为《击剑会之图》，月冈芳年画，一八七三年。

创立新流派，必须先在其他藩国闯出名气，再让名气传回江户。

巡游列国的方式是造访当地最有名的道场，向道场主人申请不同流派比试。一般说来，道场主人不会给挑战者吃闭门羹，通常会让弟子接受挑战，测试挑战者的实力。倘若挑战者真的很厉害，道场主人会送出一大笔钱，请挑战者手下留情，打道回府，或者干脆让挑战者留在道场当顾问，代道场主人指导弟子。如果挑战者败在弟子手下，等于抬高了道场身价，这时就给对方足以买一双草鞋的零花钱，或让对方吃一顿饭、住宿一夜即可。

某些靠游学练武维生的人，只要如此巡游列国，也能勉强度日。但胸怀大志的人，为了在当地留下名声，一定会要求道场主人亲自比试。这种情况非常危险，若输了，会遭道场众弟子一顿殴打，再被轰出门；若赢了，有时会在归途遭暗杀。但是，胸怀大志的千叶周作选择了它。

只要战胜当地强手，并在当地获得弟子以及支持者，便可视当地为流派据点之一，持续招募新弟子，收入门谢礼当旅费。将来在江户开设道场时，这些据点便会成为永久性的弟子供应源。千叶周作巡游列国的目的，除了增强剑术，并在列国传播北辰一刀流名声外，还有就是设置流派据点。想在诸藩列国建构网眼般的新流派组织，除了个人所具有的非凡能力，身边还得有个视野宽阔、做事细心的非凡助手。千叶周作于日后开设的"玄武馆"，之所以能成为江户首屈一指的大道场，其实都多

▷ 千叶周作的弟弟，
千叶定吉。

亏他的哥哥以及弟弟千叶定吉^①在幕后所做的贡献。

话说周作离开养父的浅利道场，在江户日本桥品川町挂上"北辰一刀流"招牌，却因流派不为人知，门可罗雀。于是某天，他和弟弟一起登门造访西条流道场。

"……劳驾！"周作的弟弟定吉在道场大门外呼唤。

弟子出来应对，定吉向对方说明来意，表示有意入门学习西条流剑术。对方的眼光移至定吉身后的周作时，定吉再度说明："想拜师的人是我，他只是来参观而已……"之后，定吉和周作被领进道场。门人带着定吉来到道场主人面前，介绍说是入门志愿者。

"那个人呢？"道场主人望向坐在演练场入口的周作，随口问。因为周作身材魁梧，肌肉发达，比自称入门志愿者的定吉更显眼。

周作察觉道场主人的视线后，故意放松双眼，微微张口，佯装成一副目光呆滞、茫然无神的样子。弟子解释那人只是参观者，道场主人收回视线，问眼前的定吉："你之前从未学过剑术吗？"

"之前只学了一点中西派一刀流剑术……"

"在哪个道场？"

"一刀流中西道场。"

---

① 千叶定吉（1812—1879）：北辰一刀流剑术师傅。

"是吗……"道场主人露出不快之色,接着问:"那你为何要来这里?"

"我觉得中西派一刀流不中用,而且我久仰西条流盛名……"

"唔,中西派只是一门用竹刀跳舞的邪门歪道。"道场主人得意扬扬地点头,"好,允许你入门。"

在此先说明一下,江户时代初期,日本武士在演练剑术技法时,主要以"型"(套路)为主,用的是木刀,到了幕府末期,逐渐演变为头戴面具、身穿护具,手持竹刀演练。中西派一刀流用的正是竹刀,而且护具除了面(头盔)、甲手(手套),另有胴(护胸)、腰垂,算是一种倾向实战的演练法。比起用木刀演练套路的流派,当时的年轻人比较喜欢用竹刀实际对打的演练法,因此一刀流中西道场聚集了众多门人。

话说回来,西条流道场主人握着木刀起身,说:

"中西派一刀流不过徒有虚名罢了,根本敌不过我们西条流。"

他走到演练场中央,示范了几招剑技,再告诉定吉"今天到此为止",当场收起木刀。

"就这几招吗?"定吉表示不满。

"废话。剑术岂是一朝一夕便可学成?"

"可是,先生能不能再教我几招竹刀招数呢?"

"等你学好木刀套路,我再教你竹刀招数。中西流的演练方式看上去很华丽,终究不过是一种剑舞罢了。真正的剑法,要像我们西条流这般,视木刀为真刀,全心全意反复练习套路,才能体会剑术真髓。"

"先生说的是,不过,为了体现西条流真髓,请先生示范一招竹刀招数吧……"

▷《当时浮世之戏／击剑者》，画者不详。

道场主人抵不过定吉死皮赖脸，只得命弟子之一和定吉交手。

弟子和定吉分别戴上护具，手持竹刀，站在演练场中央，彼此行个礼，开始交手。双方技艺不相上下，交手十数回合，定吉的竹刀首先击中对方的面具。弟子不服输，喊道："我以为你是初学者，一再手下留情，但此刻起，我将使出真本事，你好好接招吧！"

两人再度交手十数回合，定吉的竹刀又击中了对方的面具；紧接着，对方的竹刀也横扫过定吉的腹部。道场主人见状，立即高喊："平局！"

在场的人做梦也没想到道场的得意门生竟会连输两场，而且是输在一个入门志愿者手下，这事要是传出去，定会令道场名誉扫地。

"你本领相当好。"道场主人起身道，"我直接与你交手。"

道场主人观看了定吉与弟子的两场竞技，推测定吉的技艺确实不弱，但应该仍打不过身为道场师傅的自己，因而挺身而出。他快速穿戴护具，手持竹刀，来到定吉面前。道场主人既然能在剑术道场鳞次栉比的江户自成一派，本事必然高强。果不其然，两人只交手了数回合，道场主人的竹刀便击中了定吉的面具。定吉伏地认输。

"这下，你应该明白了西条流的真功夫吧。"道场主人说。

"明白了。真不愧是闻名全江户的西条流剑术，在下钦佩之至。既然如此……请先生也教导他一招吧。"定吉将视线移至坐在演练场入口的周作。

"那个人不是来参观的吗？"

"他确实是来观看西条流到底是怎么样的剑术，只是，光是观看，应该无法理解先生的招数。我想让他也体会一下先生的厉害……"

按当时的惯例，只要有人开口要求比试，无论对方是老是少、是智是愚，身为道场主人的剑术师傅，理应不能拒绝，况且这也是道场的宣传方式之一。

"剑术不是游戏，即便你是初学者，我也会手下不留情地痛打，你明白吗？"

道场主人对着周作如此说。周作依旧微微张着口，含糊地点点头。

"好，那你进来吧，先去穿戴护具，再到这里。"

周作慢条斯理地穿戴护具，由于动作迟钝，而且将面具戴歪了，甚至弄错了左右护臂具，惹得旁观弟子皆哑然失笑。倘若道场主人是个真正的武艺高手，看到这种情况，应该会起疑才是。毕竟再怎么说，对方是个浪人打扮的男子，而且陪同入门志愿者来道场参观剑术比试，不可能不懂得该如何穿戴护具。

周作好不容易才穿戴完毕，接着，提着竹刀移步至演练场中央，开口问：

"所谓击剑，是不是不必计较套路，只要击中对方就行了？"

"不是，击剑也有各式各样的拔剑、挥剑、收剑等技法，但初学者不必想太多，只顾击中对方即可。"

"可是，胡乱劈击，万一击中先生，先生不是会很痛吗？"

"你在说什么蠢话……"道场主人苦笑道，"像你这种初学者，根本不用担心会击中对方哪里，反正你就随便劈击吧，想击哪里就击哪里。"

"是，恭敬不如从命。"

周作举起竹刀，轻微晃动了两下，竹刀刀尖便击中道场主人的左右护臂具。啪嗒一声，道场主人手中的竹刀落在地面。表面看去，周作好像只是轻微连续击中道场主人的左右手，可道场主人弯腰想拾起竹刀时，他的左右手似乎不听使唤，好不容易才颤颤抖抖地拾起竹刀。

"先生觉得如何？"周作问。

"唔，可以。"道场主人再度握紧竹刀，干笑道："你刚才那种击剑方式很好，来，再来一次。"

"像刚才那样吗？"

"是的。"

道场主人语音未落，他手中的竹刀便已啪嗒一声落地。他双手仍维持着紧握竹刀的姿势，但手中没有竹刀，看似握着一支隐形竹刀，立在原地凝然不动。过一会儿，他才弯腰打算拾起竹刀，但这回比刚才那回更费时吃力。

"先生，您要不要紧？"周作问，"是不是力道太强了？"

"没事，你不用顾忌，想击哪里就击哪里，再来一次。"

道场主人总算领悟，原来眼前这人根本不是什么参观者，更非初学者，而是有备而来的闯道场者。他再度握紧竹刀，全身散发出一股森然杀气。

"那么，我就不客气了。"周作答。

周作往前直进，竹刀击向对方面具，对方后仰，避过第一招，却来不及躲过第二招。周作的竹刀横扫过对方头部，刀尖通过防护具击中对方的脑盖骨。不知是不是被打晕了，对方的躯体斜向一方，久久无法收回。过一会儿，对方才慢慢腾腾地恢复站姿。

"怎么样？"周作问。

"……"

道场主人没有余力回话，他已经明白自己完全中了周作的计，眼下除了左右手挨了两招，脑袋又被劈击得发麻，只能用双脚一步一步地滑行，伺机反扑。他凝聚了全身气力，以一击必杀的气势，举起竹刀往前直进，击向周作的正面。周作单膝跪地，沉下身躯，躲闪对方的攻击，同时用力弹开对方的躯体。对方发出痛苦的叫声，躯体浮在半空，随后面部朝下摔在地面上。

道场主人颤颤巍巍地站起来，呼吸艰难地说："你不是初学者，你算计了我。你到底是谁的门生？"

"我不是任何人的门生。"

"胡说！没有师傅指导，你不可能有这种本事。"

"坦白说，我的老师是山中猿猴。我一直住在信州深山，从未跟人对打过，今后打算请人多加指教，所以来到贵道场。你们之中，有没有人愿意代替你们的老师跟我比试？"

围坐在演练场四周的众弟子，个个面无血色、目瞪口呆。周作环视了一圈，随手拉出一个躯体很魁梧的弟子，对他说："你用竹刀，我徒手。"然后扔掉自己的竹刀，接着轻松自如地避开对方的攻击，有时用脚绊倒对方，有时抱住对方的躯体再甩至地面，犹如在玩弄一个孩童。最后，周作对着众人大声说：

"看到了吗？这就是北辰一刀流。我的名字叫千叶周作，如果有人想入门，请到日本桥品川町，我们的道场在那里。"

日后，周作在自己的著述中承认，他在周游列国的修行期间，与其他流派进行过不计其数的比试，其中有几次是不值得效仿的恶行。看来，千叶周作在出名之前，除了西条流道场之外，在其他地方大概也做了不少砸人家招牌的行径。

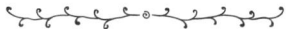

话说某日，千叶周作来到信州善光寺（长野县长野市），寄宿在之前于浅利道场当师傅时教过的一名弟子家。周作让该弟子出面四处宣传，说"从江户来了一位著名剑术师傅"，若有人想接受剑术指导，可以在该弟子家的院子里上课。这是当时身为剑士者的生计之道，假使前来接受剑术指导的人是名高手，比试时打赢了周作，那么，周作必须跪在地上向对方求饶；倘若来人输了，拜周作为师，那么，周作门下便多了个弟子，谢礼（学费）也增添一份。这种挣钱方式类似跑江湖的走绳杂技，随时都可能赔上性命，但唯有如此才能播名天下。

那时，有个拜周作为师的弟子说："我们这一带有个名叫粟田某的大力士剑术师傅，名气广传关八州（关东地方）。据说，迄今为止前来信州向他挑战的剑士，没有人赢过他。先生，您代我们去教训他一顿，免得那家伙尾巴翘到天上去了。"

新弟子说这番话的真意，或许是为了让周作更出名，也或许是想看看来自大江户的名剑术师傅，惨败在本邑能手手下的情形。周作考虑了一会儿，下定决心，遣人送信给粟田，邀他前来比试。粟田带着约十名弟子，浩浩荡荡地出现了。周作借住之处的院子拥满了人，除了比试者双方的弟子，还有众多闻讯前来看热闹的观摩者。初次见面寒暄过后，粟田便表示要立刻比试。交手数回合，周作即明白对方的剑术远不及自己。周

074 「物语日本」

▷《诸国名所百景 / 信州善光寺道久须里山》，第二代歌川广重画。

作已经击中对方几次，但对方仍大喊"再来……再来……"，毫无认输的意思。

粟田于事前大概过于自负，身上只穿戴着一套很薄的防护具，被周作击中几次后，皮肤可见之处已青一块紫一块，有些地方甚至渗出鲜血。到了这种地步，粟田仍咬牙切齿不肯认输。周作用刀柄钳住对方的竹刀，粗暴地将对方逼至院子角落，然后整个躯体压在对方身上，让对方倒躺在导引池塘水流的水沟里，再大喝："你认输吧。"

对方仰躺在水沟内，浑身无法动弹，却依旧不肯开口认输。周作一气之下，不停用竹刀狠狠击打对方。

"到此为止！到此为止！比试结束！"

有人看不过去，大声阻止。不料，从水沟脱身而出的粟田，竟然仍握着竹刀，步履蹒跚地击向周作。周作用竹刀掸掉对方的竹刀，再用躯体压倒对方，自上方连连击打。面具内的粟田的脸孔已经血迹斑斑，脖子也流出一道血水。这回是数人飞奔过来，齐力拉开周作，扶起遍体鳞伤的粟田。

当初怂恿周作送出挑战书的那个弟子，则愣在院子一隅，噤若寒蝉。

周作坐在面向院子的窄廊，环视了四周一圈，发现粟田带来的弟子全不见了踪影。即便粟田再如何丢丑，身为剑术道场门生的弟子，不可能抛下陷入绝境的师傅而全体逃之夭夭。唯一的可能是他们去找帮手，打算回来报仇。这下完了，就算周作是高手，只身孤影的外地人绝对赢不过劳师动众的本地人。周作思索了一会儿，大声说：

"今天因为比试，没空教导其他人。但有些人来自远方，实在不好意思,所以鄙人仍会留在此地,继续教导剑术。"

周作说完,转头望向惨遭痛打、全身是血、却仍不肯认输、眼神充满恨意的粟田,笑着对他说:"粟田大人,咱们都是剑术人,这点伤,应该算是轻伤,不碍事吧!这样好了,您明天再来一趟,和其他人比试看看。"

粟田一脸不甘心的神色,默不作声地离去了。次日,天还未亮,周作便悄然离开借住之处,而且一路警惕万分,毕竟明枪易躲、暗箭难防。

日后,周作在其著述中说明,旅途中与陌生敌方交手时,最重要的是"一心决定"。意思是,如果小看对方,很可能因粗心大意而败在对方手下,但过于惧怕也不行,会因紧张而全身僵硬,无法发挥自己的实力。因此,无论对方剑术是强是弱,只要决定与对方比试,便必须抛弃所有杂念,在交手瞬间的一击,准确发挥自己修炼多年的技巧,这就是"一心决定"。

北辰一刀流的精要是"夫剑者瞬息,心气力一致"。心,意味以宽广视野通观敌方;气,意味快速集中于一个点;力,意味用力或激烈攻击那个点。周作在周游列国的练武过程中,每次与人比试往前击打时,总是使尽全身力道,以对方躯体背后两三尺那个点为靶心而刺。据说,这是他通过经验所悟出的剑术真理,唯有注入如此程度的气势和力道,才能刺中最初真正瞄准之处。

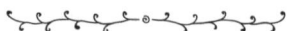

千叶周作在周游列国游学练武的第三年(一八二二年)春

季，遭遇到一生中最大的事件。当时，周作逗留在上州（群马县）伊香保，偶然听到当地人的传闻。

——本国剑术最高超的人当属高崎（群马县中部高崎市）的小泉某吧。听说他可以用左右手同时举起两桶盛满油的油桶，是个大力士，而且擅长马庭念流①剑术，迄今为止，没有人敌得过他。

周作听到此传闻时，只当作耳边风，不当回事。回到江户后，刚好有个上州出身的相扑力士来访，周作便向他打听小泉这个人的情况。果不其然，小泉是上州第一高手。周作立即拜托相扑力士当中间人，带他到上州与小泉交手比试。上州马庭念流拥有数千名门人，而小泉在这数千人中又排行第一，假如周作打赢了，"北辰一刀流千叶周作"这个名字将闻名整个上州国；反之，周作若败在对方手下，不仅会赔上这几年辛辛苦苦树立起的名气，而且会臭名远扬。

周作和中间人相扑力士一起动身前往高崎，还未抵达目的地，周作便在途中的宿场探听到小泉的消息。对方果然赫赫有名，只是，名气既然如此大，为何没有传到江户呢？周作左思右想，终于想出一个无论输赢都可以不败坏北辰一刀流声誉的办法。那就是不以剑术比试，而是以力相竞。反正周作本来就不是相扑力士，万一角力输了，也不用跪地求饶。

抵达高崎后，周作和中间人一起拜访了小泉，申请相扑比

---

① 马庭念流：日本兵法三大源流是念流、神道流、阴流，马庭念流师祖是战国时代兵法家樋口定次（1554—1600），"马庭"是地名，位于上州多胡郡马庭村，现群马县高崎市吉井町马庭。

试。没想到，小泉早已听闻千叶周作的剑术名声，反倒要求剑术比试，周作当然无法拒绝。

比试开始。交手数回合，周作便明白这回真的遇上了高手。双方体格分明不相上下，但周作的竹刀完全被扣得死死的，动弹不得。不仅如此，对方又用脚钩倒周作，令周作整个人往后倒下。周作第一次觉得自己很可能败在对方手下，全神贯注地盯着对方的竹刀刀尖，好不容易才躲过对方挥下的一刀，紧接着快速起身。之后，周作瞄准对方的喉结，以脖子两三尺后的那个点为靶心，竭尽全力向前击去。对方虽然避开了这一刀，但被扎中肩膀，躯体重心失去平衡。自此开始，形势为之一变，周作反守为攻，节节进逼。这时，周作才领会到原来双方剑技相差了数段，方才只是在力气上输给对方，幸好不是相扑比试，否则周作必输无疑。

反败为胜的周作为了洗刷适才被绊倒的耻辱，多次用脚钩倒对方，并用胳膊按住对方，连连用竹刀击打对方。对方明显已失去斗志，周作依旧手下不留情，正打算继续出狠招时，脑海里突然浮出信州善光寺那个粟田倒躺在水沟内的身姿。那时为了躲避对方门人的复仇暗箭，连夜奔走，一路警戒万分，而这回是拥有数千名门人的上州马庭念流剑术第一高手，弄不好的话，说不定真会插翅难逃。

信州善光寺事件以来，周作每次与不同流派师傅或门人比试得胜后，为了避免对方怀恨在心，都会向对方说："我遍历诸国，从未遇上像您这般的剑术高手。"更不时教谕弟子："绝对不能把对方逼至死地，一定要给对方留下余地，否则会演变为穷鼠啮猫的结果。"

这回也是，周作在最后关头收手，彬彬有礼地结束了比试。小泉为此钦佩莫名，当下就跪地请求周作收他为门人。周作婉拒道："您是马庭念流门人，没有获得师傅准许，擅自加入北辰一刀流的话，会引发两派之间的斗争。"

周作内心当然很希望上州第一高手的小泉成为北辰一刀流门人，只是，若不按规定行事，恐怕会招来马庭念流门人的反感。几天后，小泉真的获得师傅允许，从马庭念流改为北辰一刀流门人。此事传遍上州，每天都有众多弟子志愿者前来拜周作为师。不消多少时日，周作在上州收的弟子多达上百人，而且大多是马庭念流门人。

不久，一名弟子提议，将上州北辰一刀流门生名字全刻在匾额上，献纳给俯视关八州的伊香保神社。千叶周作也点头同意。消息传开后，马庭念流门人气愤填膺。自战国时代以来，上州始终是马庭念流剑术的地盘，千叶周作的北辰一刀流算是新兴流派，让新兴流派的巨大匾额挂在代表上州的伊香保神社内，岂非等于砸了马庭念流的招牌？

为了阻止北辰一刀流门生献纳匾额，五百数十名马庭念流门人，以及大约同数的上州黑道人士和持枪猎师，总计上千人，聚集在伊香保温泉地十一家旅馆，连日闹得沸沸扬扬。据说，猎师是黑道人士安排的，毕竟剑术再如何高明的人也绝对敌不过枪炮。

事情到了这种地步，千叶周作这方的北辰一刀流门生当然也不甘示弱，纷纷回应说，即便赔上一条命也得在伊香保神社挂上北辰一刀流的匾额。双方对峙，整个上州陷于一触即发的局面。在马町村经营道场的第十七代念流本家师傅樋口定辉听闻消息，急忙动身前往伊香保，打算阻止这场斗争。不料，此

▷ 明治二〇年代（一八八七至一八九六）的伊香保温泉石段街。

事又让人误以为念流当代掌门人决定出马与千叶周作一决雌雄，以致江户剑术圈也随之闹得沸沸扬扬。

最终，周作决定退出上州、返回江户，这才平息了这场纠纷。

不过，至此为止我所讲述的伊香保匾额事件之前因后果，都是根据千叶周作遗稿《剑术物语》里的说辞，内容应该掺杂了不少当事人的自我正当化的辩解。另一方，活在同一时代的著名大众小说家曲亭马琴[①]，于两年后出版《兔园小说》，里面收录了一篇《伊香保额论》的故事，内容批判千叶周作身为剑术师傅，实在不该说出"献纳匾额一事已接受幕府同意密旨"的

---

① 曲亭马琴（1767—1848）：《南总里见八犬传》作者。

谎言，把事情闹到如此地步。既然连当代畅销小说家也特地收录了描述匾额事件来龙去脉的文章，可见此事在当时确实闹得满城风雨。

至于到底有没有幕府同意千叶周作挂匾额的密旨呢？不用多想，也知道应该没有。幕府官员再怎么无聊，也不可能管这种市井小民的纷争。何况，周作当时还未成为大家，他周游诸国找人比试的做法，有时近乎耍无赖。倘若在伊香保真的发生了大规模的剑士私斗事件，幕府很可能趁机出面禁止老百姓学剑术，甚至很可能下令江户所有剑术道场通通关门大吉。

仔细想来，曲亭马琴是文人、千叶周作是武人，两人之间没有交情也没有接触，因此，曲亭马琴可能听信了马庭念流门人的片面之词，也可能是千叶周作为了宣传自家流派，故意说出密旨云云之类的暗示。总之，真相究竟如何，没人知晓。但根据《伊香保匾额论》的描述，"山中四处响起枪炮声，号角声一阵阵吹起"，若再扬起旗帜，那便完全是穿越时光的战国时代的摆阵。

幸好没有真的打起来，否则千叶周作必死无疑，日后也就没有近代及现代的日本剑道了。

历经数年武术游学的千叶周作，手头上多少有了些积蓄，身边亦有几名有钱有势的后援者。伊香保匾额事件那一年秋季，周作在江户日本桥品川町开设了北辰一刀流道场"玄武馆"。周作在周游列国期间，与不计其数的武艺者交手比试，一次也没有败过的风声早已传回江户,因而门徒蜂拥而至。三年后,周作又将道场迁移至神田玉池(东京都中央区神田东松下町)。玉池这地方,往昔是面积颇大的沼泽名胜,后来随着江户城市的发展,逐渐被填拓。周作将"玄武馆"迁至该地时,那一带住着许多儒学者、汉学者,是江户的学问中心之地。"玄武馆"隔壁正是著名的儒学者私塾。

时值江户时代后期,俄国商船和英国捕鲸船频频非法驶入长崎港,或擅自在九州沿岸上陆,幕府烦不胜烦,干脆于文政八年(一八二五年)颁布了外国船驱逐令。除了挂着清国、荷兰旗帜的船舶,沿海地区的藩国皆可开炮轰走其他外国船。为此,日本国内群情激昂,民众对国防和武艺的关心不断高涨,许多胸怀大志的年轻人纷纷上京学文习武。于是,周作又在道场宅地盖了一栋二层建筑宿舍,以便接收这些来自地方城市的青年。

当时的日本剑术流派多达五百个以上,江户市内的剑术道场更是星罗棋布,"玄武馆"之所以能够跻升为江户首屈一指的大道场,是因为千叶周作将传统的一刀流真传授予证明书的八等级段位,整理为初、中、大三等级,让段位升级速度加快。例如其他流派须花三年方可习得的剑技招式,北辰一刀流只需花一年左右便可习得。这和教法有关。传统流派的教法倾向宗教,神秘玄阴;北辰一刀流的教法则倾向科学,简明浅显。此外,北辰一刀流注重打击练习,竹刀互相打击的声音响彻云际,远远听来爽脆悦耳,这也是吸引年轻人陆续前来报名的魅力之一。据说,隔壁的儒学私塾学生几乎也都是"玄武馆"门生。

▷ 玄武馆在明治时代遭遇了三场火灾，现代只有一块纪念石碑，以作留念。© 三人日，CC-BY-SA-3.0，2.5，2.0，1.0。

"千叶周作门人三千"这句话并非夸大其词，北辰一刀流弟子于幕府末期献纳给浅草观音堂的匾额，上面就刻着三千六百余人的名字。而且，许多藩国大名相继邀请千叶周作担任该国剑术师傅，但周作均谦逊郑重辞退，结果，各藩国干脆设置公费留学生制度，让乡里一些有前途的青年住进"玄武馆"宿舍，接受剑术教育。

周作四十九岁那年，终究还是接受了水户藩（茨城县）的招聘，经常出差前往水户藩藩校教授剑术。那时发生了一件足以证明周作膂力绝群的小趣事。事情是这样的：藩主德川齐昭[①]

[①] 德川齐昭（1800—1860）：水户藩第九代藩主，江户幕府第十五代将军德川庆喜的生父。

命人制作了一座新大炮，五十岁的周作毫不费力地举来举去，窥视炮口什么的，然后随手递给下一个人。结果，那人承受不住大炮重量，没拿住，让大炮掉落地面，他弯腰举起大炮时，据说举得满面通红，汗流浃背。

千叶周作于安政二年（一八五六年）冬天过世，享年六十三岁。过世之前，门人请画师为周作绘制肖像画，完成后，门人请周作在画上题字，周作写道："夫剑者瞬息，心气力一致"，这句话正是千叶周作终其一生所悟得的剑术精要。

千叶三兄弟中，哥哥受聘为武州冈部藩（埼玉县深谷市）剑术师傅，七十岁时过世。弟弟定吉在帮助二哥周作巩固了"玄武馆"的基础之后，自己在京桥桶町（东京都中央区八重洲二丁目）开设了一家道场，人称"桶町千叶"或"小千叶"。千叶一门培育出许多载入日本史册的杰出人物，其中，播名天下的土佐怪杰，亦即后来的海援队队长坂本龙马[①]，正是千叶定吉的"桶町千叶"门生。

定吉也是剑术高手，曾受聘担任鸟取藩（鸟取县）剑术师傅，于明治十二年（一八七九年）以八十二岁高寿辞世。比起哥哥周作，弟弟定吉近乎籍籍无名，不过，北辰一刀流和"玄武馆"的事业规模能发展得那般大，其实也有弟弟定吉的功劳。定吉的次女名为乙女，据说美貌非凡，有"小千叶美女"之称，日后改名为佐那子。佐那子曾与坂本龙马订婚，父亲定吉为了筹备日后的婚礼，还请人缝了一件绣有坂本家家纹的衣服。只是，龙马归国后，双方关系逐渐疏远，后来龙马遭暗杀，婚事

---

① 坂本龙马（1836—1867）：日本幕府末期最有名的人物，日本海军之祖。

便不了了之了。

  称霸一时的"玄武馆",因周作的儿子均早逝,时代潮流演进速度又太快,外加在明治时代遭遇了三场火灾,逐渐衰退,最终无影无踪。现代只有一块纪念石碑,以作留念。

忍者传说

第二章

第一节　来无影去无踪的特种部队・忍者的日常与非日常

▷ 图为葛饰北斋所画《北斋漫画》里的忍者形象。一八一四年发行。

忍者"Ninja"与寿司"Sushi"、艺者"Geisha"一样，已经成为国际通用语。无论是正宗日本人，或是学忍术的外国人，心目中的忍者形象，通常是：全身黑色装束，能飞檐走壁、跳墙越城、唤雨呼风、移星换斗，使用各种奇形怪状的暗器。此形象，虽非准确无误，倒也八九不离十。

忍者的工作，主要是为主君进行秘策、破坏、暗杀、收集敌方前线情报、搅乱敌方后援基地等种种谍报活动。由于生前必须隐姓埋名，过着终生见不得天日的生活，更不能留下只言片语，以免日后东窗事发。因此，日本忍者的起源，到底该回溯到哪个时代，没人敢断言。不过，忍术秘本中，留有圣德太子（六世纪末至七世纪初）身边有一位名叫"大伴细人"忍者的记载。

目前，日本各地虽有无以数计的忍术流派，但是，追根究底，毕竟还是会回到伊贺（三重县西部）、甲贺（滋贺县南部）两地。我想，许多人从漫画、小说中得来的印象，可能会误以为伊贺忍者集团与甲贺忍者集团是不共戴天的宿敌。其实并非如此。两者祖先是同一家人，双方之间大部分也都有亲戚关系。只是，彼此的雇主（主君）若是敌对关系的话，他们便不得不同室操戈，甚或演变成兄弟阋墙的结果。

而另一方，为了便于忍术能世代传授下去，他们之间也不得不频繁通婚，可以说是唇亡齿寒的关系。稍微细想一下便可知道，一旦生长在该地，无论男女，为了家族秘密，还能跟他乡人结婚生子吗？况且，男忍者背后通常有女忍者在撑持。这种工作，除非自小耳濡目染，视为当然，否则，丈夫于某天突然不告而别，普通女人谁能忍受，不气得七孔生烟？

忍者世界中，有四项基本戒律：不准滥用忍术（只能用在公事上）、舍弃一切自尊（逃命要紧）、必须守口如瓶（即便为此失去性命）、绝对不能泄露身份（这是最基本的忍术）。忍者活跃的时代，大致有三：十一世纪末至十二世纪末的源平时代（平安时代末期）、十四世纪的南北朝时代、十五世纪末至十六世纪末的战国时代。而战国时代也可以说是忍者"百花齐放，百家争鸣"的时代。

忍者又分为"上忍""中忍""下忍"。"上忍"又称"智囊忍"，专门筹划作战整体计划；"中忍"是实际作战时的指挥头子，当然忍术也得超群出众才行；"下忍"又称"体忍"，相当于现代的特战部队，是在最前线实际作战的忍者。三者之间等级关系泾渭分明，"下忍"对"中忍"唯命是从，"中忍"对"上忍"俯首帖耳。

以下是有关忍者装备的简略说明。

【装束】

忍者通常在新月或阴天夜晚潜入敌方城楼与宅邸，如果全身黑色装束，轮廓反而会更显突出，因此，基本装束颜色是深蓝。碰到月明星稀的夜晚，便换成灰色或茶色装束。有时候外面是灰色，里面是茶色，万一遭遇敌方追击，可以在途中将装束反过来穿，利用颜色错觉逃脱险境。另外，深蓝色可以防止毒蛇、蚊子等虫子侵袭，这是用含有铁分的天然染料染成的布料。美国淘金者发明出的牛仔裤，目的与忍者装束一样。

至于内裤，当然是日本传统的兜裆布（一条细长白布）。只是，忍者的束法与一般人不同，长度也比较长。他们将兜裆布

▶ 现代人对忍者装扮的想象。其实全身上下都是黑色装束反倒会更引人注目。

从脖子缠到胯下,最后绑在腰际。如此,可以随时从脖子后抽出兜裆布,当作绷带或绳子应急。上衣里头有许多口袋,放一些不会淋湿的火药、缝衣针、救急药(包括安眠药、毒药)等;腰带里头则放一些日用杂物;手套与绑腿里,通常藏着一些暗器。

【武器】

为了蒙混国境关卡守关人员的审问,忍者在旅途中,通常是农夫打扮。因此,所谓忍者暗器,往往是改造自农具、日常用品、园丁器具等。这些武器,大多由忍者自行发明铸造,只有自己深知其用法,因而在旁人看来,跟一般日用品没什么分别。这也是忍者武器失传的主要原因之一。

▷ 忍者武器。手里剑相当于中国的飞镖，锁链刀改造自农具，可攻可守，可长可短。©Samuraiantiqueworld, CC-BY-SA-3.0。

现代人从各种忍术秘本中所得知的忍术武器，主要有七种：手里剑、撒菱、忍刀、吹矢、忍杖、手甲钩、水蜘蛛。"手里剑"，是飞镖，刀尖涂有剧毒。"撒菱"，是逃走时撒在身后的一种菱形武器；凡是凹凸不平，能够刺伤双足的东西，例如天然石头、干燥果实、铁器等，都可以拿来代用。"忍刀"，附有一条长约三米的绳子，翻越城墙时，可以当踏脚工具，再利用绳子收回；刀鞘，临危时可以当潜在水中的通气管。"吹矢"，则是毒针，通常藏在笛子内；有时候旅途中需要装扮成艺人，因此，忍者除了必须学吹矢手法，还得练习吹笛技术。"忍杖"，顾名思义，是一根藏有链子、长矛、刀剑等武器的手杖。"手甲钩"，各式各样，有装在指甲上的，有套在手背上的，就看使用者擅长哪种功夫，自己变把戏。"水蜘蛛"，是渡河时用的道具，平时可以叠起来藏在包裹内。

【忍者食】

忍者绝对不能"发福"。由于得时时隐身在天花板上、地板下，甚至悬挂在树上、屋内支柱上，只手支撑自己的体重，因此，忍者必须注意不让自己的体重超过六十公斤。以男人的臂力来讲，能够只手悬空与敌方打斗的上限体重是六十公斤（不信的人，自己试试看）。"忍者食"以谷物为主，低热量、低脂肪、高蛋白质。主食通常是糙米、小麦、番薯，配菜是黄豆制成的豆腐、味噌，其他是梅子、芝麻、鹌鹑蛋以及各种蔬菜等。会增强体臭的食物，例如韭菜、肉类、葱、大蒜、姜、烟草等，一律列为禁品。而且，忍者时常洗澡、洗衣，目的都是去掉体臭。另外，松子、榧子等植物果实，也是忍者的主食之一。

"携带食"也很重要。一旦接获任务指令，无论是野外露宿，或是潜伏在敌方宅邸天花板上，身上都必须有"携带食"，以便维持体力。干燥的芋头，可以串成项链，挂在颈上；蒸熟的米，晒干后，可以防腐。二者皆可用开水冲泡，成为充饥速食。此外，用麦角、梅子、冰糖搅和成药丸，便成为"止渴丸"；用红萝卜、荞麦面粉、麦粉、山芋、甘草、薏苡、糯米粉，全部磨成粉末，在酒中浸泡三年，待酒蒸发后，揉成桃子核一般大小的小丸子，一天仅吃三粒，便可获取必要的能量补充。还有一种"兵笼丸"，是用红萝卜、麦粉、糯米粉、蜂蜜、酒，用文火熬干，再揉成小丸子晒干，一天服用三十粒，便可以获取必要的维生素。"兵笼丸"应该是战争时，兵士们固守城池时用的吧？总之，这也是主要的"忍者食"之一。

【野外生存法】

忍者具有丰富的药草知识，可以分辨毒药与良药，见机行事；对野生动物的习性也了如指掌，许多忍术，都是从野生动物习性学以致用的。天文气象学,更是不可欠缺的基本忍术之一。例如,夜晚观察蜘蛛网上有没有水滴,若有,翌日便是晴天;月亮周围有一圈月晕,或是月光比平日亮时,翌日则是雨天;深夜十二点、清晨八点、傍晚时分开始下的雨,可能会连续下好几天。在深山迷路时,用火烤热缝衣针针头,或是在针上涂上蜡,然后立即放入水中,针头所指的方向便是北方。忍者身上的缝衣针,不仅可以用来分辨方向,也可以当成受伤、疲累时的针灸道具。身上水壶内的水喝光时,怎么办?找蚂蚁洞或蝼蛄洞,有蚂蚁、蝼蛄的地方,附近必定有水源。

【忍术】

首先,当然是得临机应变,化身为各种身份。忍者的基本"七化"是:出家、虚无僧、山伏、放下师、常之形、商人、猿乐师。"出家",是指一般光头和尚。"虚无僧",头上戴着圆筒形竹笠,盖住整张脸孔;身上披着袈裟,颈上挂着钵皿;边吹箫边化缘乞讨。"山伏",在山野中修行的僧侣。"放下师",相当于现代的街头艺人,表演魔术、特技、耍猴等。"常之形",化身为当地农人或武士,条件是,必须会讲一口流利的当地方言。"商人",就是卖药、卖糖的行商。"猿乐师",江湖艺人。其他还有"变相术""变体术""变声术"等。

传递机密文件时,最佳方法是暗记。不过,有时候是缝在衣服里边;有时候将文件捻成一条绳子,同草笠编在一起。更有将细长纸条缠在一个圆筒上,并在上面记载下文书内容,之后解下纸条,内容便会成为脉络不明的文字;收件人在收到文件后,再将纸条缠在同样粗大的圆筒上,恢复原形。我个人认

> 石川县金泽市的妙立寺,为加贺藩第三代藩主前田利常所建,里面构造非常复杂,是著名的忍者寺。©Kentaro Ohno,CC-BY-2.0。

为最"酷"的方法是,将文字刻在头皮上!这种方法,必须事先将头发剃成光头,再施以刺青,待头发留长后,平安回到主君面前时,再度剃光头发。可是,这方法,一定非常痛。不过,反正忍者都会调药,应该有类似现代的麻醉药吧。另一种方法,是利用"神代文字"。这是中国汉字传到日本之前的大和古代文字,相当于中国的甲骨文。战国时代时,已经罕见有人能够读解出神代文字,于是便成为忍者之间的"暗号"。

其他还有各种千奇百怪的忍术,"文""武""艺""乐"皆有,数不胜数。

德川家康在江户(东京)设立了幕府之后,一部分伊贺忍者成为幕府的警卫人员与密探,剩下的伊贺忍者与甲贺忍者,则被派分到各地大名领地。明治维新时,忍术已经逐渐失传,这些忍者后裔，通通改行转业，成为警察、医生、药房老板、焰火师等。话虽如此，"忍者"这个透古通今的世界，依然具有莫大的吸引力，令现代日本人，乃至外国人，皆禁不住好奇，想探头去瞧瞧：这葫芦里究竟卖的是什么药？！

第二节　俳圣的巡礼纪行是秘密任务？·松尾芭蕉的忍者谜团

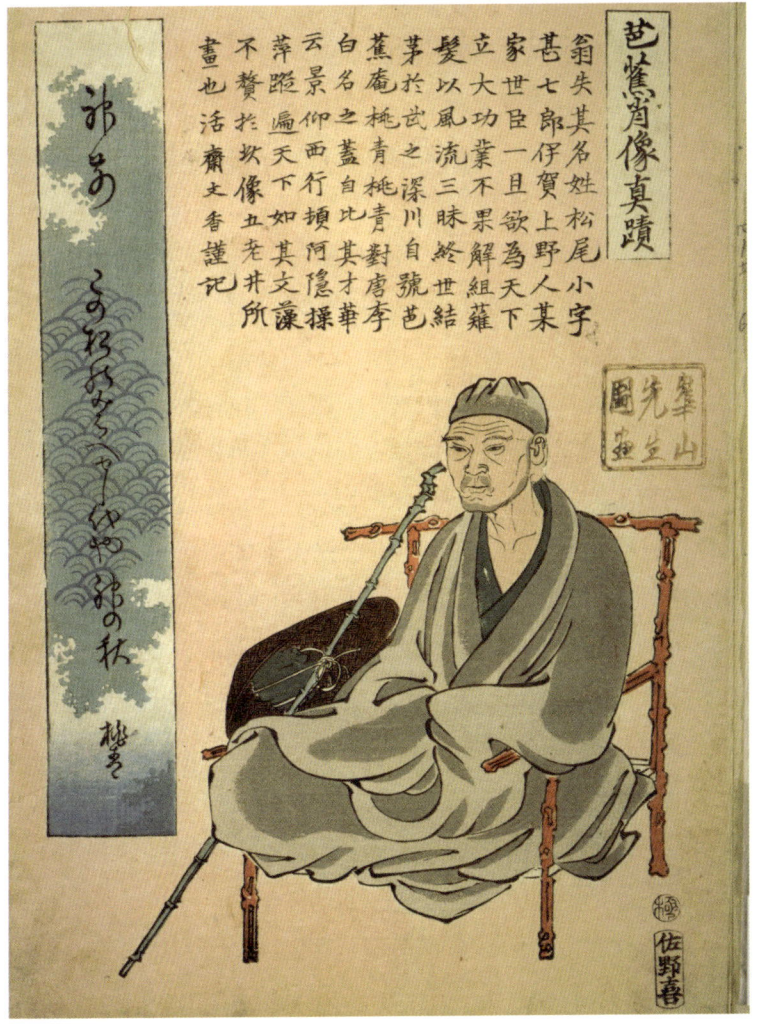

▷《芭蕉肖像真迹》，渡边华山画，大约在江户时代后期的一八三五年。

松尾芭蕉①是日本俳圣，也是《奥之细道》纪行作者。全球有众多学者以各种语言在研究他的生平与著作，日本当然更多。但是有关他的生平却是众说纷纭，其中"忍者说"最受某些日本人欢迎，而且也最罗曼蒂克。

所谓"忍者"，是潜入他国视察对方局势，有时候还必须进行散布流言、放火、暗杀等搅乱行为的集团。他们大肆活跃的时期，大致是十五世纪的战国时代到十七世纪江户时代初期这段时间，算算也有三百年以上的历史。忍者的戒律是：功绩与名声是无用之物，最重要的是尽量保全性命以便向主公复命，所以无论怎样都要逃脱困境。简单说来，是个无法留名青史的集团。

忍者发源地是伊贺上野（今三重县西北部上野盆地），芭蕉正是一六四四年出生于伊贺上野。据说他的母亲是爱媛县宇和岛市人，父亲是伊贺人，身份是乡士（平时是农民，战乱时可以升级为武士）。芭蕉在六个兄弟姊妹中排行老三，是次子。十九岁时到藤堂家供职；二十九岁时离乡，前往江户，住在日本桥；三十七岁时从日本桥搬到深川隐居，并建立了芭蕉庵。藤堂家世世代代都是伊贺"上忍"，一族人专门指挥作战部队"下忍"。芭蕉在藤堂家期间到底做了些什么事，完全不详。据说，很有可能是在藤堂家学习"文笔画工"忍术。这是为了日后能够接近大人物以探听情报的忍术之一，主要内容是俳句、和歌、绘画。也有在藤堂家当厨师的说法。

芭蕉到江户以后，没有就职于任何藩国，当然也就没有固

---

① 松尾芭蕉（1644—1694）：日本俳圣。

定收入。那么，他究竟靠什么过活？生前五次大规模旅游，旅费又到底是谁出的？虽然每次举办俳句句会时，都能得到些许报酬，可是这些报酬足够支撑他的生活吗？身为俳句大师，理所当然也有门生，只是，江户时代的私塾老师，一年之间只能在夏季与年底收两次学费，平常过的是赊账日子，所以应该缺乏余裕，无法周游全国才对，为什么芭蕉办得到？难道是幕府在后撑腰？

四十一岁时，芭蕉第一次远行，写下《荒野纪行》。这次远行长达九个月，从江户深川出发，沿着东海道南下，足迹遍历三重县、爱知县、滋贺县、奈良、京都。翌年发表他那首最有名的俳句"古池，蛙跃入，水声"。在此，我故意采用直译方式，因为原文真的没有某些外语译文中添加的古池闲寂氛围或扑通水声。总之，季语是"蛙"，季节是春天。若让一百名摄影师来拍摄"古池，蛙跃入，水声"短片，大概会拍出一百种不同内容的影片吧。毕竟每个人的脑海里所描绘的"古池""蛙""水声"画面，应该都不一样。

芭蕉四十六岁时，从江户北上，踏破草鞋走遍东北、北陆地区，以及太平洋沿岸与日本海沿岸，写下《奥之细道》。这回花了五个月，行程两千四百公里，一天平均大约走了十六公里。而且根据他的纪行内容，有曾经一天走了四十公里的记述。那个时代没有柏油路，尤其是日本海沿岸，山高路陡，若非具有超人的体力与飞快的步伐，怎么可能达到这种速度？而忍者的基本条件正是超人的体力与飞快的步伐。

现代人寿命大约有八十年，江户时代则仅有五十年。照这个比例来说，《奥之细道》启程时的四十六岁，相当于现代的七十三岁。芭蕉为什么会在这个年龄,拖着他自称"虚弱多病"的身子出门远行呢?而且并非每晚都有地方可以投宿,有时候还必须露宿。到底是什么理由,令他不得不在晚年抱病动身周游全国呢?此外,既然自称是"虚弱多病",为什么撑得住五次长途徒步旅游?或许这也是欺瞒他人眼光的一种忍术?

《奥之细道》旅程之初,芭蕉身边有门生河合曾良①作陪,曾良自己本身也留下一册《曾良旅日记》(奥之细道随行日记)。可是,《曾良旅日记》中竟然有八十处以上与芭蕉所记

▷ 江户时代后期出版的《肖像集》之松尾芭蕉肖像画,栗原信充画。芭蕉于一六九四年十月十二日病逝。

---

① 河合曾良(1649—1710):芭蕉十大弟子"蕉门十哲"之一。

述的《奥之细道》不一致。首先，出发日期就不同。芭蕉是三月二十七日出发，曾良是二十日出发。而且途中分道扬镳各自行动。若说《奥之细道》是文学作品，那么曾良的旅日记便完全是日常记录。日记中，对于投宿场所都有详细记载，连个人名字也都记述下来。可是，日记中也有许多空白夜晚。这些夜晚，不可能夜夜都在深山穷谷露宿，为什么不能记录下来？难道是无法公开的投宿场所？如果我们把曾良也看作是幕府的密探，那么，旅途中的这些矛盾，是不是可以有个更圆满的说法？

　　从芭蕉的纪行文章与旅途中所寄出的信件内容，我们可以知道芭蕉是位学识渊博的人。可是，江户时代应该没有可以免费阅读各种书籍的图书馆，而且根据记录，芭蕉庵的一切什物家具，只有"茶碗十个，菜刀一把，五升葫芦一个；偶尔门生来访，会带来白米放进葫芦内"，换句话说，芭蕉庵内没有任何

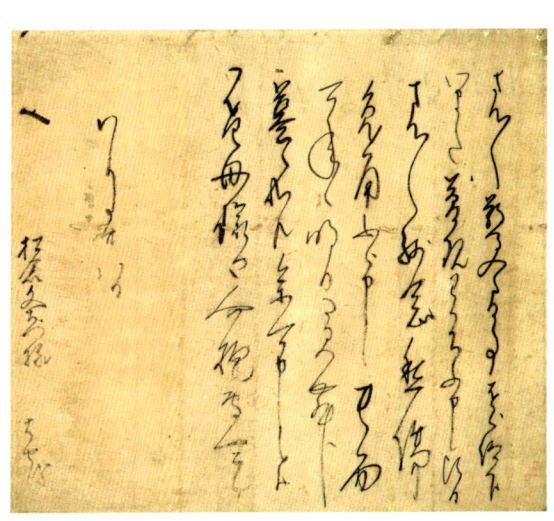

▷ 松尾芭蕉的亲笔书简，一六九三年八月二十八日。神奈川县立图书馆所藏。

一本藏书。那么，芭蕉的学识到底是从哪儿得来的？江户时代的庶民，都是到租书店租借大众小说回来看，难道芭蕉也是从租书店租借一些和学、汉学古典书籍回来的？不大可能吧？江户时代的租书店只有大众小说，没有昂贵的古典知识书籍，唯一的可能性是幕府内的"国立图书馆"。

旅途中，芭蕉非常勤于写信，寄出数不胜数的信件。但是江户时代的邮件制度，不比现代，芭蕉那个时代是第五代将军掌权，当时能够利用幕府公用邮差"继飞脚"的人，只限幕府官吏、大名（诸侯）、商人而已。江户到京都、大阪之间，通常需花九十个小时；幕府的重要文件，最快是五十六个小时。因为是公用邮差，所以免费。试问，一名仅在江户俳句圈中稍有名气的小庶民，为什么可以利用"继飞脚"传送信件？江户后期才出现一般庶民也可以利用的"町飞脚"，不过这是芭蕉过世一百五十年之后的事了。

芭蕉终生独身，旅途中更以禅僧身份出入各个藩国，但是根据研究结果，得知他生前有位非正式妻子寿贞尼，而且与寿贞尼生有一男二女。这是芭蕉的信件中透露的。一位自称"清贫如洗""孱弱多病""乞丐翁"的人，哪来的余裕养家活口？此外，为什么生前必须隐藏家人的存在？

一六九四年九月二十九日，芭蕉于大阪因腹泻卧病在床，无法参加大阪蕉门弟子为他开办的俳句句会，只能嘱咐门生送出日后脍炙人口的"深秋矣／邻家人儿／不知在做什么"名句。这首俳句，一般都解释为"寂静深秋夜晚，传来邻居的居家声音，不知对方正在做什么？"或者，"邻居家鸦雀无声，不知是做什么职业的人"。现代人通常用来比喻都市生活的孤独。但根

▷ 与谢无村所著《奥之细道画卷》一景，一七七九年刊行，芭蕉和弟子河合曾良出发的情景。

据弟子留下的日记内容，这首俳句是送给当天参加句会的人当作发句（连歌的第一句），因此，另一层意思是"在这种美好的深秋日子，大家都在做什么呢？"字里行间的意思则为"你们在举办句会吗？对不起呀，我无法出席"。

十月八日，芭蕉在病榻上命门生磨墨，写下"病榻旅途／所做之梦／皆飞奔枯野"一句。十月十二日，病逝，享年五十一岁。日后根据门生的记录，后人判断直接死因是呼吸中枢麻痹。有人猜测，可能是误食了有毒蘑菇，只是芭蕉对药草的知识非常丰富，不可能分辨不出有毒与无毒蘑菇，而且芭蕉似乎毫无病逝的预感，所以没有留下当时惯例的辞世之句。凡此种种，不免让人怀疑可能有人在他的饮食中下毒，而且下的是芭蕉分辨不出的毒药。而芭蕉也心里有数，却仗恃自己的药草知识，没有就医。请问，为什么一名庶民俳人，会被暗中毒死？

细读芭蕉的俳句，我们可以发现芭蕉的听觉非常敏锐。他生前留下九百八十二首俳句，其中与声音有关的，多达一百五十七首。芭蕉的音感世界涉及许多方面，风、雨、鸟、虫、大自然、日常生活。最多的是鸟啼声，有四十九首。鸟啼声，不正是忍者之间常用的一种传达信号吗？出类拔萃的视力与听觉，也是优秀忍者的必备条件之一。

综观上述推理，某些读者或许会抱怨："怎么都是情况证据，没有直接物证？光这样拿到现代法庭，也不能判他为忍者啊？"不错，可是别忘了，无法留名青史的忍者，怎么可能留下任何物证？忍者中，有所谓的"草根"忍者，他们世世代代住在敌国，在当地娶妻生子，很可能终生都没有任务，但是临终之前还是得偷偷叫来儿子，传授任务下达时的信号与接受了信号之后应该如何做的步骤行动。这么隐秘的世袭社会，不可能留下任何物证的。不过，据说，伊贺上野市的"百地家系谱"中，留有这么一句记录："百地重左卫门入藤堂新七郎家当养子，改名芭蕉"。百地，正是战国时代伊贺流忍术创始者百地丹波[①]的宗谱。而芭蕉生父的姓氏，无人知晓。芭蕉对于自己的身世与家人，也没有留下只言片语。

[①] 百地丹波（1512—1581）：日本战国时代伊贺流忍术始祖，因势力扩张，遭织田信长发动五万大军攻入。

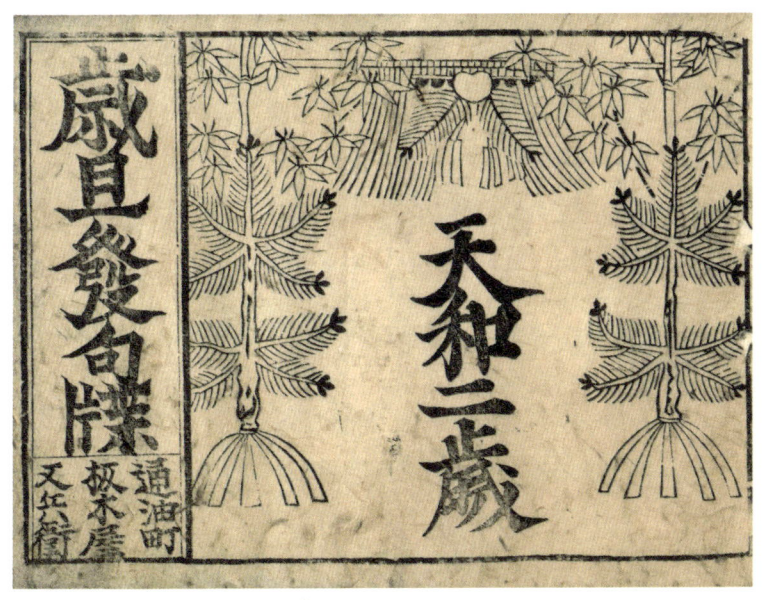

▷ 芭蕉编纂的《岁旦发句牒》,天和二年(一六八二年)刊行。(09—3:《岁旦发句牒》内文之一)。

总之,芭蕉的一生,是一团解不开的谜。他甚至没有留下多少笔迹。多数作品,不是门生代笔,便是由他人誊写。连作品都不太愿意留下笔迹的人,我们怎么可能找得出他是忍者的物证?

第三节　从兵法家副情报头子·柳生一族传奇

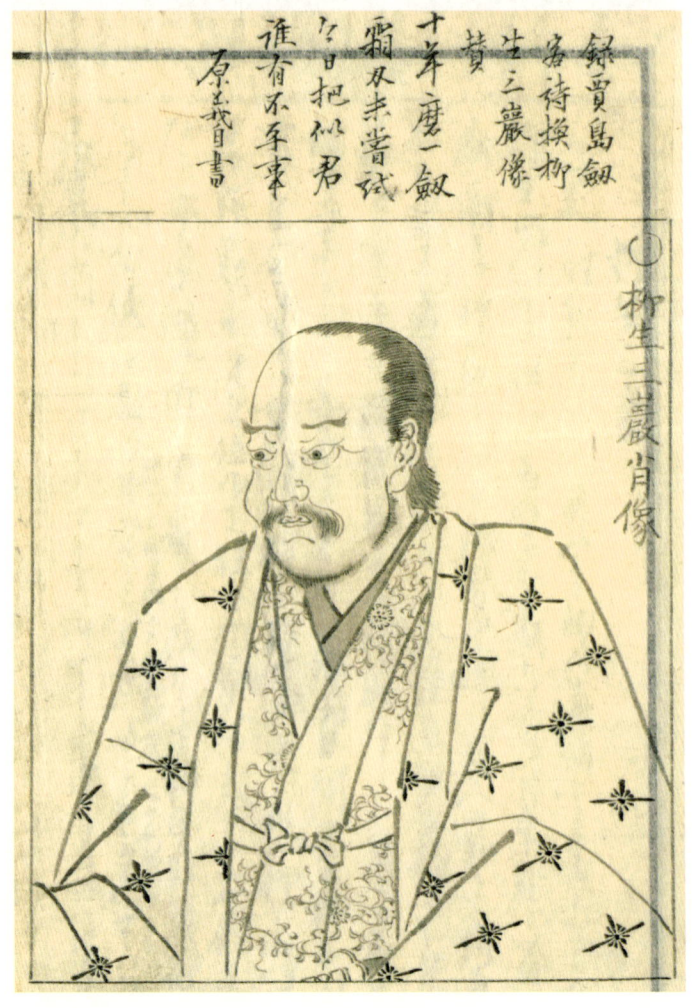

▷《先哲像传》第二册里的柳生三严（十兵卫）肖像画，柳生三严是柳生宗矩的长子。作者原德斋，一八四四年刊行。

看过漫画《带子狼》，或是其他一些有关柳生宗矩的电影、小说的人，可能会对柳生宗矩产生一种阴狠、残酷、权欲极大的印象。虽然漫画、电影与小说的描写过于夸张，但是柳生宗矩是德川幕府初期的情报头子这事，却是不争的事实。

柳生宗矩的父亲是受后人尊崇的剑士，也是"新阴流"剑术第二世石舟斋宗严。无奈主君在某次战争中战败，柳生宗严沦落为无所属的失业武士"浪人"。后来他剑术高超的名声传到德川家康耳里，家康亲自写信给石舟斋宗严，并与他交刃比武，领教了名不虚传的武功，于是将他纳为门下家臣。

日后，德川家康所率领的东军与石田三成统率的西军，展

▶ 柳生宗矩让柳生新阴流成为将军家兵法师傅。

开夺取天下的"关原之战"（一六〇〇年），石舟斋奉德川家康密令，专门负责搅乱西军后方，立下大功；宗矩在这一场大战中，也为德川家康传递秘密书函，召集各地豪族协助东军，立下汗马功劳。但是此时，在德川家康看来，柳生一族还算是无名小卒。他所看重的是柳生父子俩超群出众的剑术，所以提拔柳生宗矩当了将军家的兵法师傅。

柳生宗矩第二次立功机会是在"大阪夏之阵"（一六一五年）时。我简略说明一下，日本战国时代有三位统一天下的英雄，依前后次序而言，是织田信长、丰臣秀吉、德川家康。排在第二位的丰臣秀吉过世后留下一嗣子丰臣秀赖，他与生母淀君一直住在大阪城。淀君一直想让儿子当上天下君主，全国各地残留的丰臣家死忠旧臣也蠢蠢欲动。为了断绝后患，德川家康曾于前一年冬天发动"大阪冬之阵"，只是无心赶尽杀绝。没想到淀君野心太大，不甘臣服为区区小诸侯，拼命招兵买马，企图反"德川"复"丰臣"。德川家康只好在翌年再度攻击大阪城，逼使秀赖与淀君走投无路，最后切腹自杀。

"大阪夏之阵"时，柳生宗矩的身份是德川家康三男德川秀忠[①]的兵法师傅，实际作战时，理所当然也成为未来将军的贴身守卫。当时敌方有数十名武将打扮成平民，突袭秀忠主将阵营。宗矩抵死守护君主，独力砍死了七名武将。这是他在历史上留下的唯一武功事迹。以后，他就退居幕后操纵一切了。他从小就目睹父亲在众豪族之间翻腾折冲，领悟出若不善于处世，纵有一身无敌剑术，也是徒然。因而便专注于扩展人际关系，并

---

① 德川秀忠（1579—1632）：日本江户幕府第二代将军。

钻研兵法战略。

第三代将军家光①十八岁时，柳生宗矩正式成为家光的兵法师傅。当时家光还有另一位"一刀流"剑术师傅，这位师傅，与家光练习剑术时，一点都不客气，下手严厉得很。宗矩则恰恰相反，他总是拿自己的长男三严（小名"十兵卫"，也是一位非常著名的剑客）做替身，示范给家光看，很少与家光直接交手。因为他认为家光生来就是当将军的命，没有必要在剑术上深造求精，所以传授剑术时，重心便放在"身为武士的心得"之上。

除了教授家光剑术以外，宗矩也时常陪同家光鹰猎，更是家光欣赏能剧、茶会时的谈话对象。换句话说，他的职务，不仅是兵法师傅，也相当于家光的养父。因此家光在二十岁登上将军宝座时，立即任命柳生宗矩为"大目付"之一，主要职责是监视诸国大名与幕府大臣们的一举一动。此时，柳生宗矩六十二岁，是四位"大目付"之中最年长的。

第三代将军家光制定了许多新政纲。例如命令诸国大名每隔一年必须到江户赴任的"参勤交代"，不准三位主要执政者"老中"们独断批准政务，设置监视官"大目付"等。并同时派出众多忍者收集全江户的情报，而领导掌管这些忍者的，正是柳生宗矩。所以即便是将军底下的执政者"老中"们，也非常惧怕"大目付"。

柳生宗矩为了监视各藩国的举动，派出许多门徒担任大名的兵法师傅。由于家光非常信任柳生宗矩，大名们也只得唯命是从。由此可见宗矩当时的权力有多大。而且直到幕府末期，

---

① 德川家光（1604—1651）：日本江户幕府第三代将军。

▷ 柳生一族传说一直很受日本小说家及漫画家深爱,除了纸质书,电影和电视剧也不少。一九七二年的《带子狼》,原作:小池一雄/小岛刚夕。© 东宝电影公司。

柳生一族十四代,始终维持着将军家兵法师傅的地位。

柳生"新阴流"剑术,主要是夺取敌方武器,尽量让双方保全性命,平安无事,因此又称"活人剑"。这是石舟斋自身钻研所得。这种剑术,运用在兵法上,便是心理战,也是《孙子兵法》中所说的"知己知彼,百战不殆"。当时所谓的兵法家,指的是类似宫本武藏那种剑豪,或者是武田流派军事学中的军师,但是精通"该如何不战而屈人之兵"这一真髓的兵法家,似乎只有柳生宗矩一人。他留下一部兵法秘本,日本"岩波文库",有白话文版。

柳生宗矩的长男十兵卫三严,十三岁时当上家光的随身家童,二十岁时误触逆鳞,回到奈良"柳生之里"老家,专心研究兵法,写出了《月之抄》等兵书,更把本派剑术传授给从全国各地慕名而来的门徒。三十二岁时,家光原谅了他,让他回到身边当亲信护卫。有些小说或漫画,将十兵卫描写成"独眼龙",说他在离开幕府之后,浪迹江湖。这些绝非事实,都是作者虚构出来的故事。因为他晚年留有肖像画,双眼正常得很。十兵卫四十四岁时,据说在京都府南部山中鹰猎,意外身亡。他的死,到底是遭人暗杀,还是毒杀所致,众说纷纭,至今仍是个谜。坟墓分别在"柳生之里"的芳德寺与东京都练马区广德寺别院(西武池袋线樱台车站)两处。

十兵卫过世后,遗留下的领地,全部由柳生宗矩三男柳生宗冬(小名"又十郎")所继承。五味康佑的《柳生武艺帐》(中文译名《柳生英雄传》)中,描述宗冬在十五岁时,蒙住双眼、绑住双手双脚,动了拔牙手术,之后装上全副黄杨假牙。这是事实。因为身为忍者,有时候需要假扮成女人,所以动这种手术。一九二七年时,东京练马区广德寺柳生家祖坟,不但出土了当时的刀剑、印笼(放印章的小盒子)、烟管等陪葬品,也出土了一副黄杨制假牙。据说以牙科技术来判断,那副假牙可以说是当时全球最精巧的。

柳生一族的老家在奈良东方深山内。越过旧柳生街道山岭,就可以抵达江户时代风貌浓厚的"柳生之里",因为传说跟景致都有独特之处,也算是很有名的旅游景点之一了。

第四节　服部半藏父子物语

> 图为《德川十六善神》,歌川芳虎画。中央最上方是德川家康,右边最上方是服部半藏(即服部正成)。

伊贺（三重县西部）与甲贺（滋贺县南部）是日本忍术两大发源地。日本平安时代末期的源平争霸直至镰仓时代初期，也就是十一世纪末到十三世纪初这段时间，伊贺仅有一家上忍：服部。伊贺流忍术，在当时是天下一流的。后来，由于种种原因，服部家另外设立了"分店"，正是藤林、百地两家。这是伊贺三大上忍的由来。

服部氏祖先原本是日本古代豪族之一秦氏的后裔，而秦氏则是自中国吴国渡海过来的移民。秦氏不但传授纺织技术给日本人，更在日本各地展开"新乐"公演，令日本人大开眼界。所谓"新乐"，是三世纪末至四世纪初，在中国非常发达的一种大众艺能，内容包含歌舞、杂技、力技、魔术、偶人剧、口技，以及训练犬、猴子、鸟等小动物表演节目的大众娱乐。据说是融合西藏艺能与中原艺能的新型技艺。秦氏集团当时主要在中国南部都市与寺庙巡回演出，日后组织逐渐膨胀，分散到中国各地。其中之二三个乐团，为了寻求新天地，渡海到日本来。日本和服的传统称呼是"吴服"，语源正是取自秦氏出身的吴国。另一种有关秦氏的说法则为秦始皇后裔，经由朝鲜半岛的百济国或新罗国渡海至倭国。

据说，服部氏是秦氏集团分组之一（也有土豪说法）。至于何时移居伊贺？年代不大清楚。服部氏一族如何将"新乐"技能钻研演绎成兵法忍术，也没有详细史料可追本究源。总之，服部一族于十六世纪上旬离开老家，归依三河大名松平清康（德川家康祖父），世代成为松平家家臣。服部一族中最有名的后裔是德川家康护卫武将之一，服部正成，通称服部半藏[1]。

---

[1] 服部正成（1542—1596）：通称服部半藏。

一五八二年六月二十一日（农历六月二日），织田信长在京都本能寺遭家臣明智光秀叛乱，寡不敌众，自戕身亡。这时，德川家康正在大阪游山玩水，当天还打算回京都与信长共聚一堂。途中抵达饭盛山时，接到信长毙命的速报。当时四十岁的德川家康立即说要切腹殉死，后经家臣劝阻，沉思许久，才转念为"应该举兵为信长复仇"。然而，此刻身边护卫仅有三十四名，真要打起来，不要说复仇了，就连自身性命也很难保。

家康与众家臣商讨后，得出一条逃脱之计：从饭盛山翻山越岭到伊势湾白子（三重县铃鹿市）海滨，再搭船到三河国大滨（爱知县碧南市），之后顺着陆路逃回冈崎城。从饭盛山到白子之间，大约一百二十五公里，途中必须经过伊贺，因此在场的服部半藏正成，利用老家力量，召集了二百名伊贺忍者与一百名甲贺忍者，一路护卫家康逃脱叛乱现场。这就是历史上著名的"伊贺越事件"。换句话说，这时若没有伊贺、甲贺众忍者的助力，日后也就不会出现德川幕府了。

此时，伊贺众忍者会不顾性命保卫家康，也是有理由的。如果有人看过《枭之城》这部电影，应该记得片子开头有一场屠杀伊贺忍者村的镜头吧？那正是前一年织田信长所下的命令，以五万大军攻击总人口约九万的伊贺国，伊贺这方的战斗兵力（忍者）仅有两千多，殊死战斗长达十天，伊贺死亡三万余人（包括非战斗员）。当时一些上忍、中忍带领众多下忍杀出重围，逃到诸国。其中大部分都逃进德川家康领地，在九死一生中捡回性命。因此换个角度来看，全程二百多公里（现代经由高速公路的距离）、五夜六天的家康潜逃之行，其实也可以说是伊贺忍者的报恩行动。

日后，家康命正成组织"伊贺组同心"（相当于现代的警察人员），让正成支配这些忍者。而正成也充分发挥了该集团的特异能力，辅助家康走向夺取天下之路。遗憾的是，正成在五十四岁骤亡，长男服部正就①继承了他的地位，服部家的悲剧也随之开场了。

正成有两个儿子，长子正就，次子正重②，资质都不出色。有文武才略的父亲正成在生前便已看出儿子们的庸碌了。

话说一五七九年，织田信长以"怀叛变之心"为由，命家康处死嫡子信康③（也是织田信长的女婿）。家康恼燥多日，终于命信康自裁，并命另一名家臣负"介错"之任。为了减免自裁者切腹之后的痛苦，"介错人"在自裁者切腹后必须即刻挥刀斩断当事人的头颅。岂知那名家臣耐不住这项相当于"弑君"的职责，竟然逃之夭夭。于是家康只得命令正成肩负起这项重任。

正成出发前夜，正就一本正经地端坐在父亲面前，说：

"请带我一起到二俣城。用我的头颅替代信康主公的性命。"（二俣城是当时信康幽闭的城堡，现静冈县滨名湖附近）

正成思了半晌，徐徐回说："你说的正好，我也正在考虑这个方法。只是，身为人父，我无法先开口向你提议。"

正成道毕，正就当场就变了脸色。

正成再度叮嘱："脖子洗干净了吗？"意思是说，切腹的事前准备都齐全了吗？

---

① 服部正就（1565—1615）：服部半藏的长子。
② 服部正重（1580—1652）：服部半藏的次子。
③ 德川信康（1559—1579）：德川家康嫡长子。

正就五官痉挛，结结巴巴地回答："我是想，先得到父亲大人允许之后也不迟……"

正成板起脸："算了，下去！"

此时，信康二十一岁，正就十五岁。就年龄来讲，正就根本无法当替罪羔羊。而正就内心也非常清楚这一点，才故意挺身而出，打算博得父亲的赞扬。然而，饱阅风霜、才勇兼优的正成，怎么可能识不破小犬居心何在？可怜的正就，不但弄巧成拙，还暴露出自己的愚昧凡眼。

至于正成，在信康从容不迫地笔直横切腹部后，喊道"半藏，介错！"时，久久无法挥下手上的刀，最后弃刀跪倒在地上泣不成声。一旁担任验尸官的家臣，忍无可忍，跨前一步，喊道"殿下，请恕罪！"随即斩下信康头颅。事后，家康呼唤半藏，泪流满面地说："天下父母心，半藏不忍心下手，也是理所当然。"

这句话令代半藏介错的验尸官吓得屁滚尿流，连夜出奔，逃进高野山内。

话说回来，正成过世后，正就不但继承了正成的职位，还娶了家康的侄女为妻。身份是"旗本"（在战场上守护将军的近卫，也是守护军旗的武将），与家康又是姻戚关系，俸禄却只有五千石。父亲正成是八千石，父亲过世时，分给正重三千石，自己继承了五千石与"伊贺组同心"组织。可是，正就不满足，日夜焦躁不安，一肚子怨气。

庸才果然是庸才。正就将"身份地位"与"真实才干"等同视之，以为他表面上的身份正代表着他的才干。另外，正就犯了一个不可原谅的错误。他将组织视为私物，误以为自己是头领，部下就是自己的家臣。只是，当时的所谓"同心"，是将军的直属部下，而同心组织头领与同心的关系，相当于现代企业的上司与部下，双方真正的主子其实都是企业董事长，也正是德川家康一人而已。

　　半藏正成在世时是乱世，上忍与下忍的关系当然也是绝对性的，家康也深知同心组织独特的隐秘性与其意义，凡事都让正成独当一面；但是家康统一天下之后，组织也不得不转换成官僚机构形式。正就的悲剧，就在于他无法理解时代的变迁。举例来说，某年秋季，暴风雨袭击江户，江户城第二外郭与第三外郭城垣都倒塌了，江户城本身也遭受落雷，城内外骚动不已。"伊贺组同心"平时的任务是守卫城堡，当下全体出动抢修城墙。这时，正就竟然派人传达命令，说什么自家宅邸围墙与大门都受损，要同心们马上赶过来修理宅邸。可是暴风雨越来越大，城堡损害程度也越来越严重，同心们便暂时不理会正就的命令，继续抢修江户城。

　　日后，同心们前往半藏宅邸打算修缮围墙时，正就不但惩罚众人营造其他工程，还将两名组长禁闭在家，而且迟迟不肯解除禁令。家康辗转听到此事，直接下达命令给两名组长，要他们动身去侦察大阪城。正就即使头脑再笨，也不敢违背家康的意旨，只得心不甘情不愿地让两名组长出发。坏的是，他竟然在两名组长服勤期间，叫来其中一名组长的内人，硬逼她同衾共枕。结果，那位以美貌出名的组长内人，考虑到丈夫立场，忍辱负重让正就得偿所愿，却在事情毕后，当场咬舌自尽。

　　长年来的郁结，终于令"伊贺同心组"于一六〇四年发动武装政变，据守在长善寺。说是"政变"，其实他们抗议的不是幕府，而是正就这个昏暴头领。由于所有下忍的兄弟、家族、

> 日本皇居的"百人番所",长约五十米,是江户城规模最大的守卫哨所。由根来组、尹贺组、甲贺组、二十五骑组轮班负责,各组各派出二十名与力、一百名同心守卫。

亲戚们都加入了这场政变,据说人数多达千人。这在忍者世界中,可以说是空前绝后的事件。同心们不但要求幕府罢免正就的职位,也想剥夺正就身为上忍的身份。

家康起初默不作声,静观事件演变过程。后来是正就实在无计可施了,亲自恳求家康罢免他的职位。家康接受了正就的请求,将服部家贬为平民,让正就寄食在妻子娘家。政变主谋者当然全都被判以死刑,其中包括那位内人咬舌自尽的组长。而"伊贺同心组"也经过重新整编,正式成为幕府官僚机构之一。

为了复兴家道,正就在一六一五年参战"大阪夏之阵",不幸阵亡。弟弟正重也因妻子娘家(大久保长安)变节事件,家破人亡,单身流浪诸国,最后客死他乡。

▷ 日本皇居的"半藏门",这是服部半藏亲自设计的城门。

现代日本后人口中所说的"服部半藏",指的是有"鬼半藏"之称的正成。正成虽然承继了伊贺上忍中之最的血脉(上忍中也有阶级之分),不过,到了他这一代,已经算是"白道"武将身份了。何况他是长矛高手,在各种战役中立下不少战功。家康之所以会心服正成,可能是正成的确具有指挥"黑道"与"白道"双方的才干吧。

四百多年后的今日,日本皇居仍遗存有"半藏门",这是半藏亲自设计的城门,以备敌方自海上攻进城时,将军一族可以自半藏门一路沿着甲州街道,逃脱到甲府城。当时他自己的宅邸也是在半藏门附近。现代皇太子与雅子皇太妃有时候会从这个门出入。半藏门城外有一道"半藏濠"。日本桥到涩谷之间的地铁路线,名称也是"半藏线"。

第五节　骇人妖怪般的奇袭
名人·风魔小太郎

> 据说风魔一族的祖先是擅马术的俄国哥萨克骑兵队民族。图为《月耕随笔 马术》，尾形月耕画。

日本战国时代的忍者中，赫赫有名的三位是：风魔小太郎、果心居士、飞毛腿加藤。果心居士与飞毛腿加藤，主要以其精湛忍术闻名后世；但是正史或是野史记录中，却完全没有留下风魔小太郎自身会耍弄幻术、忍术之说。

　　"风魔小太郎"[①]是世袭称呼，青史留名的是第五代小太郎。战记《北条五代记》中，有一段描述风魔容貌的记录："身高两米以上，手足铜筋铁骨，周身肉瘤累累，努睛突眼，黑髭下口似血盆，有四根獠牙。貌如南极仙翁，鼻如悬胆。声如洪钟，可传达至五公里方圆之外；压低声音时，低哑裂帛。"

　　形容得好像是妖怪一般。不过，此记述却令后人猜测风魔一族祖先可能不是日本人。最有力的说法是，他们很可能是俄国哥萨克骑兵队民族谱系，于古代伴随马匹渡海过来，集体定居在神奈川县小田原西方金时山中的风间谷，也正是"箱根道"要隘附近。由于骑马技术出类拔萃，后北条第一代北条早云[②]便将他们一族二百多人编入北条军团。

　　第五代小太郎的主君是第三代小田原城主北条氏康[③]，氏康生前似乎与小太郎有过口头约定，说好日后将提拔风魔一族为家臣。事实上，北条家臣中有威权势力的武将，都是早期臣服于初代城主北条早云膝下的海盗。小太郎渴望自山寇身份晋级为武士身份，也是人之常情，当然会拼生尽死地编练手下。没想到氏康在五十七岁早逝，小太郎只能苦笑着自我安慰说："上

[①] 风魔小太郎：生卒年不详。
[②] 北条早云（1432—1519）：日本战国时代大名。
[③] 北条氏康（1515—1571）：日本战国时代大名。

了氏康主君的大当了！"那以后，他便不再冀望能够飞黄腾达，转而将人生喜悦寄情在指挥行动如疾风迅雷般的部队之上。主君换成第四代氏政、第五代氏直时，小太郎依旧为北条家东讨西征。我想，这时，他的目的很可能已经不再是"尽忠"，而是每次奇袭、夜袭成功之后的快感吧。

风魔一族最著名的战绩是一五八一年的"浮岛之原战役"。当时，武田信玄的儿子胜赖[①]，势力已经日薄西山，为了起死回生，率领大军在伊豆浮岛之原（静冈县东部）布阵；北条氏直则在初音之原布阵，双方隔着一道黄濑川（静冈县沼津市狩野川）。

话说回来，当时武士们逢野战时，最讨厌雨天。一下雨，绑腿的布条会吸水，加重重量。身上的甲胄内部皮制品，也会因汗水、雨水交加，而发出一股冲鼻恶臭。等天气放晴晒这些甲胄时，一些皮制品会收缩变形。如果接连几日都是雨天，不但身上甲胄湿潮不堪，刀、箭、长矛等铁制品，也会生锈。火药更是派不上用场，火绳枪全部作废。总之，武士们野战时，非常嫌弃雨天。实际作战时，也通常是下马徒步，手持武器与敌方短兵相接。

风魔一族的作战方式，却是晴、雨天通通包办。而且是全体部队骑在马上，一窝蜂地冲进敌方阵地，进行抢掠。食粮、武器、马匹、人……什么都抢。撤退时一定在敌方阵地放火。抢夺马匹时，人紧贴在马的侧腹，敌方看不到马背上有人，也就无法做出射箭等攻击行动。

[①] 武田胜赖（1546—1582）：武田信玄四男。

▷ 风魔一族擅长骑马,北条早云将他们编入北条军团。图为《北斋漫画》里的各种马术图。

时代再回溯到一五八一年秋季。隔着一道大河川，武田军团与北条军团对峙着。风魔一族每晚放出一群马背上坐着稻草人的马匹，冲进武田的阵地搅乱。起初，武田军团以为是真正的奇袭，个个认真迎战。次数一多，武田军团便放松了警戒，这时，风魔小太郎才率领真正的部队，进行奇袭。结果当然是每战必胜。武田军团受不了这种夜袭，每天夜晚战战兢兢，无法安眠。搞到最后，竟然在某天夜晚，君臣、父子自相残杀，天亮后，才发现闯下大祸。

由于丑态百出，有些武将甚至想切腹雪耻。

"要切腹的话，我们不如去斩风魔的头颅！只要不怕死，一定可以成功。那小子听说是个彪形大汉，有獠牙，我们绝对不会认错人。"

"你看过那小子的真面目？"

"没有，但听说是个妖怪。"

十几名武田军团的武将，商量好之后，当天夜晚，埋伏在风魔一族夜袭的必经之路。待风魔一族夜袭成功四散撤退时，顺利地混进队伍末尾。

风魔一族聚集在河滩，燃起篝火，全体坐成一个圆圈阵容。圆圈中央有个老人坐在岩石上。混进风魔部队中的武田武将，暗忖："难道那个老人就是风魔小太郎？"可是对方没有獠牙，体型也不是什么彪形大汉，怎么办？武田武将们拼命搜寻符合他们印象中的头目人物。

突然，风魔队长们大声下令："风！"

围成圆圈的全体人员同时站了起来。

又一声："云！"

除了武田武将们愣在原地不知所措以外，全体人员又同时坐下了。

这是风魔一族每次夜袭归来之后，为了探查混进部队中的间谍，事前策划出的暗号习惯。武田武将们的下场，当然不用我多说了。至于暗号，是否真是"风"与"云"，我却不敢拍胸保证，应该每次都会有变化吧。

一五九〇年，丰臣秀吉带领二十一万大军，包围小田原城时，风魔一族只能作壁上观，根本无法参战。面对丰臣秀吉的二十一万大军，二百多人的骑马部队去夜袭的话，等于以卵击石，自讨没趣。风魔小太郎的时代也在此闭幕了。

风魔一族的下场呢？据说在丰臣秀吉平定天下之后，转移阵地到德川家康的领地江户内，变成唯恐天下不乱的盗贼。同一个时期，武田军团的忍者集团也失去主君，漂泊到江户，两个集团就开始在江户争权夺利。

德川家康忍无可忍，终于下令悬赏缉拿在江户为非作歹的两个集团。结果风魔一族与武田忍者们，竟然互相检举告密，最后全部被捕入狱。称霸一时的第五代小太郎，也在一六〇三年被处刑，风魔一族于是灭绝。

不过，风魔一族的幸存者中，也有日后功成名就的人。一是庄司甚内[①]，另一则是鸢泽甚内[②]。庄司在开发过程中的江户市内，发现到处可见私娼出没，便将这些私娼汇聚一堂，开设了吉原妓院区，并于一六一二年向幕府申请执照，一六一七年获

[①] 庄司甚内：生卒年不详。
[②] 鸢泽甚内：生卒年不详。

得准许，成为公认妓院区吉原游廓的总掌管。当然，背地里是幕府警察的协助者，专门侦察在吉原出入的可疑人物。

鸢泽甚内表面上是做买卖赃物生意，暗地其实也是盗贼之一。后来成为幕府密探，专门搜捕来买卖赃物的盗贼。幕府看他功绩不错，便授予他买卖二手货衣服的垄断权。这个时代，二手货衣服是贵重物品，其中当然有赃物。于是服饰店也成为幕府侦缉盗贼的据点之一。

风魔一族除了小太郎之外，在野史上留下名字的只有上述那两个甚内，其他人，则不得而知了。

第六节　使用诡异幻术的流浪忍者·果心居士

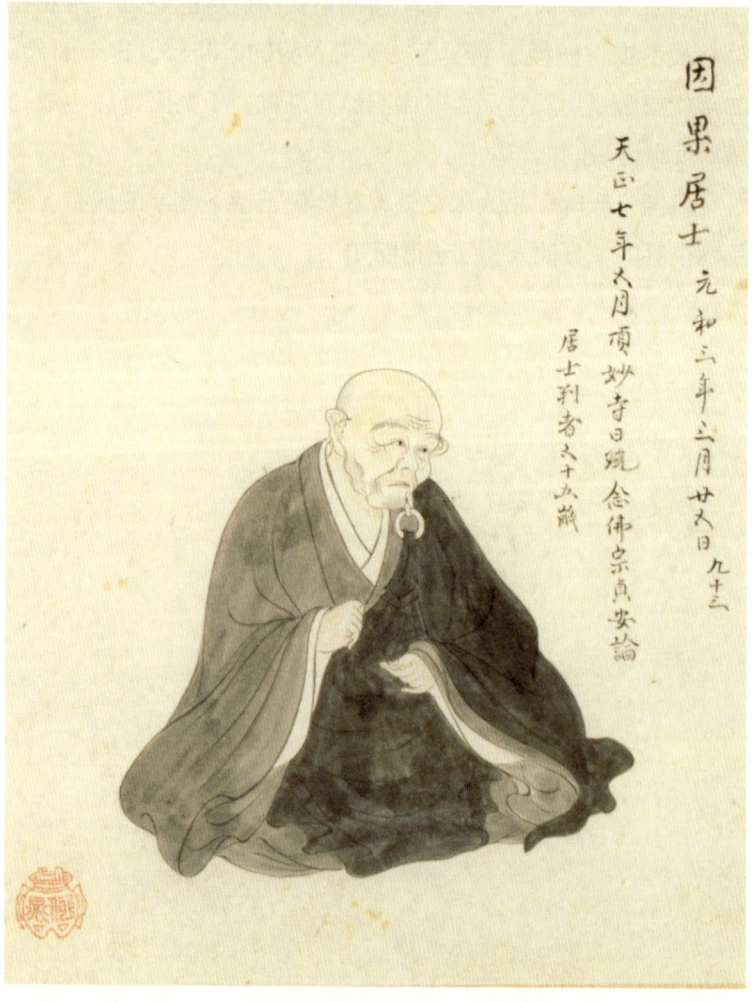

➤ 德川家康于晚年召见的因果居士，按年龄推算，很可能就是果心居士。图为江户时代后期刊行的《肖像集》之因果居士，栗原信充画。

某夜，松永弹正呼唤果心居士①道：

"我经历过十数次南征北战，每次都出生入死，却从来没有遭遇过令我魂不附体的经验。你用你的妖术让我见识一下何谓吓破胆子的滋味吧。"

果心点头答应。有一会儿，双方默默无言相对而坐。冷不防，果心起身步下庭院。只见庭院突然风飒飒兮木萧萧，乌云遮住了原本如水的月光。庭院漆黑一片，下起蒙蒙细雨。

同时，弹正眼前出现一个人影。那是个美丽文雅的女人，几束丝发披挂在侧颊上。女人开口：

"夫君，您今晚想必是百无聊赖吧？"

弹正回过神来，才察觉眼前的女人正是数年前已经过世的爱妾。弹正气喘如牛，毛骨悚然，出了一身冷汗，忙高唤：

"果心！行了！行了！"

弹正呼毕，果心已然端正坐在眼前。（这个故事出自江户时代一六七〇年刊行之《醍醐随笔》）

一般说来，无论处于哪一个时代，身为忍者、隐士身份的人，后人通常无从追究他们的身世与真实姓名。果心居士之所以会在各种江户时代随笔书籍中，留下他的事迹与轶闻，乃在于他并非伊贺或是甲贺一族人，而是奈良兴福寺的僧侣之一。寺庙僧侣精通文墨，也必须代代记录下有关施主与寺庙的一切琐事。因此兴福寺古文备忘录中，便有果心居士的传闻记载。

果心居士的幻术与当时日本忍术迥然不同。他似乎能蛊惑

---

① 果心居士：生卒年不详，战国时代的幻术师。

人心，最初魔魅附体的人，正是与北条早云、斋藤道三①并列为"战国三枭雄"的松永弹正（又名松永久秀）。松永弹正原本是统一大阪、奈良、京都、四国那一带领地之战国大名三好长庆②的首要家臣，显露头角之后，不但劝诱三好常庆篡夺主君权位，更是直接下手残杀室町幕府将军的元凶，日后又成为京都幕府执政掌权者。此三者正是战国时代伦理"臣弑其君，子弑其父"、"弱肉强食"的始作俑者。而松永弹正的幕后主宰人物，据说正是果心居士。

果心居士本身毫无平定天下的企图，身份不是武将，也非类似伊贺与甲贺那般拿人家俸银的忍者团体成员之一，可以说是单枪匹马、独来独往的隐士。他似乎偏爱左道旁门的叛逆者，对于当时一些缺乏实力，蒙昧执迷于名门世家声望的贵族子弟，则视如敝屣；可是，又不肯臣服于真正有实力统一天下的霸者。

话说织田信长扫平了松永弹正一派叛徒之后，听说果心居士手中有一幅著名的佛教绘画《地狱变相图》（小粟宗丹画），便命手下去窃取。家臣们在进呈绘画之前，当然亲眼鉴定过绘画真伪，不料当信长眉飞色舞地展开卷轴时，竟发现图案已经化为一张白纸。信长勃然大怒，耳畔仿佛传来果心居士的嘲弄声：

"就算你目前是天下无敌、日下无双，你所夺得的权力与地位不过是浮云。对于你这种狂妄自大的人，稀世之珍也等同废纸。"

---

① 斋藤道三（1494—1556）：战国时代大名。
② 三好长庆（1522—1564）：战国时代大名。

> 松永久秀，通称松永弹正，日本战国时代大名。他做了三件恶事，篡夺主家、谋杀将军、火烧东大寺，是战国时代"弱肉强食"伦理的始作俑者。图为《太平记英勇传》卷十四《松永弹正久秀》，落合芳几画，一八六七年。东京都立图书馆所藏。

这大概正是果心居士冷眼旁观时势潮流的人生观吧。

果心居士的第二个牺牲者是奈良城主筒井顺庆[①]。筒井顺庆是兴福寺僧兵的栋梁,在松永弹正死后,荣任奈良城主。织田信长围剿伊贺总据点时,筒井顺庆也是率兵的武将之一。不巧的是,果心居士此刻正在伊贺蛰居,是伊贺上忍百地丹波家的"客忍"(非忍者身份,但凡具有特殊能力的隐士、僧侣等人士,均可到伊贺、甲贺等地当"客忍")。

在信长的"不论百姓、飞禽走兽,通通赶尽杀绝"命令之下,果心居士即使身怀幻术,也无力独自突围而去。于是果心居士只得与筒井顺庆交换了条件:如果放他一马,他愿意泄露伊贺山城防守兵力最薄弱的地理位置。

这个机缘,把筒井顺庆与果心居士拴在了一起。而这种关联又不知怎么回事,竟牵连到明智光秀身上。据说,在幕后操纵明智光秀发动本能寺叛变、篡弑织田信长的也是果心居士。

明智光秀得逞之后,回到京都忙着做掌握政权的事前准备。照理说,他应该忙得无法分身才对,但是他却特意抽空在某天盛情款待了果心居士。果心居士为了表达谢意,在告辞时施展了一招幻术。

宴席旁有一扇八叠屏风,上面画有"近江八景"(滋贺县琵琶湖名胜八景),其中一叠远景中有一艘小舟,小舟上坐着一个划桨的男人。果心居士喃喃念了咒语,屏风上的小舟开始滑行,徐徐挨近所有宴客。湖水也自屏风中溢出,不一会儿,宴席上已浸满了水。

[①] 筒井顺庆(1549—1584):战国时代大名。

果心居士跨上浮在宴席上的小舟，泰然自若地向众宾客告别，之后划着小舟渐行渐远。正当众人眼睁睁地望着果心居士随着小舟消失在屏风上时，宴席又恢复了原状，无一丝异样。当时自以为夺得了天下的明智光秀，必定看得目瞪口呆。或许，这也是以艺业为生的果心居士，故意嘲弄"天下人"的惯用把戏吧？

丰臣秀吉听闻主君织田信长毙命之讯后，慌忙率领大军从战场赶回来。筒井顺庆本来是站在明智光秀这一方的，果心居士看在他曾经在伊贺围剿之际救过自己性命的份上，忠告他："光秀活不了几天，你还是乖乖回巢吧。"正如果心居士所预言的一般，光秀只当了十二天皇帝。

为什么果心居士能够预见未来，也能够施展上述那些幻术呢？很显然的，那些幻术类似现代催眠术或是魔术，但是绝对与当时的日本忍术大相径庭。我查了许多资料，个人认为，司马辽太郎的忍者短篇小说集《果心居士的幻术》中，所描写的"果心居士"可能最接近史实。

司马辽太郎向来有"君子历史小说家"之称，意思是说"子不语怪力乱神"。换句话说，司马辽太郎的历史小说，都是根据史实改编而成，而非全然虚构。那么，果心居士是印度婆罗门教僧侣遗孤之说，也就比较接近真相。

据说，曾经有一艘外籍船漂流到三重县熊野，船上有位印度婆罗门僧侣，上岸之后辗转流落到兴福寺。这位婆罗门僧侣无法回国，只得皈依佛教，成为兴福寺僧侣之一。临死前，他向平日对他关怀备至的日本僧侣忏悔道："我犯了女戒，对方是出入东大寺纸商的女儿，也有一儿。"

▷ 一八八九年刊行的《夜窗鬼谈》下卷《果心居士》篇之插画，作者石川鸿斋。果心居士让"近江八景"屏风上的小舟徐徐挨近所有宴客，之后坐上小舟消失于屏风内。

而江户初期兴福寺僧侣所流传下的《外道逆风集》中，也有一段有关果心居士的记述："果心，二十四，废佛法归外道。"所谓"外道"，在此处指的正是婆罗门教，有邪教之意。这样看来，果心居士废佛法归婆罗门教，或许其实是血脉在作怪？他一次又一次地嘲弄统一天下的霸主，一意孤行，或许是身世背景所致？

一七四九年刊行的《虚实杂谈集》中，有一段果心居士最后施展幻术的记录。对手也是天下霸主丰臣秀吉。

话说丰臣秀吉召见果心时，果心在众目睽睽之下，往一个大香炉内接二连三抛进焚香。片刻，烟幕中出现一个磷光闪烁的女人。众家臣不知道那女人是何方人物，秀吉却心里有数，大呼："邪魔外道！抓来砍头！"没想到被囚禁在监狱中的果心，竟然化身为老鼠，逃之夭夭了。司马辽太郎的小说中说：筒井顺庆当时也带来一位幻术师，就在众家臣眼光都注目在磷光女人身影之际，那位幻术师识破果心的法术，在距离宴席有一段距离的仓库中，当场斩死了果心居士。至于那个女鬼，似乎是丰臣秀吉年轻时，在某次野战中所奸杀的女人。

果心居士的结局，哪一种说法比较正确？我也不敢妄下断语。只是，一六四八年刊行的《古老茶话》之中，出现一段："庆长十七年七月（一六一二年），德川家康召见因果居士。居士说，往昔曾拜见过家康神君。家康公问其几岁了？隐士曰，八十八岁也。"

一六一二年，德川家康刚好是七十岁，已经将幕府将军之位让给第二代秀忠，隐居在骏府（静冈县静冈市）。依年龄来看，这位"因果居士"很可能是果心居士。否则，德川家康怎么可能会没来由地召见一位无名隐士呢？不过，这也只是我个人的猜想而已。

第七节　战国大名悚惧万分・飞檐走壁加藤

▷ 一八八三年刊行的《绘本甲越军记》第二百三十二回《飞加藤行幻术之事》插图。加藤段藏在松树下表演吞牛术，被树上的行商男人识破。

比照旧时藩国地图与现代地图，可知，日本战国时代中期，散布在全国各地傲视群雄、不可一世的大名，大致如下：关东以北的东日本，是上杉谦信、武田信玄、北条氏康；关东以南的中部日本，则是朝仓义景[①]、今川义元[②]；至于京都、大阪以西（包括四国、九州）的西日本，便是尼子经久[③]、毛利元就[④]、大友宗麟[⑤]、岛津义久[⑥]、长宗我部元亲[⑦]等人。

其中，在东日本势均力敌、分庭抗礼的，正是有"甲州之虎"之称的武田信玄，与名闻遐迩的"越后之龙"上杉谦信。前者的势力范围，是今日的山梨县一带；后者的军事领域，则是新潟县一带。双方势不两立，经年旌旗缤纷、战鼓惊山，非得拼个你死我活不可。尤其是在京都幕府任命两位霸者为关东"管领"（辅助将军执政的职位，相当于现代的县长）后，全天下具有拿手武功的流浪武士，或是身怀特异幻术的隐士、忍者，纷纷聚集到此两地来，企图得到一虎一龙的权臣青睐，伺机崭露头角。

却说一五六〇年盛夏某天，上杉谦信居城——新潟县上越市春日山城——城下，一株松树下围着一群村民。人墙内中央有一头牛、一个男人。男人样貌类似武士，全身散发出风尘仆仆、疲惫不堪的感觉。若非腰际交叉佩带有代表武士身份的长

[①] 朝仓义景（1533—1573）：战国时代大名。
[②] 今川义元（1519—1560）：战国时代大名。
[③] 尼子经久（1458—1541）：战国时代大名。
[④] 毛利元就（1497—1571）：战国时代大名。
[⑤] 大友宗麟（1530—1587）：战国时代大名。
[⑥] 岛津义久（1533—1611）：战国时代大名。
[⑦] 长宗我部元亲（1539—1599）：战国时代大名。

短双刀，否则同一般叫花子没两样。

男人口中喃喃念着各种开场白，间接不时加入一些咒文，之后，低声喝道："看好！现在开始，我要吞下这头牛！"

在场所有看官，皆默默点头。

"看着我的双眼！"

村民们情不自禁地被男人那锐利眼神所吸引。看着看着，男人的眼睛越来越大，似乎要将众人吞噬进去一般。男人牵着牛鼻，逐步往后退。他身后的人群，也逐步为他开出一条路。最后，人群变成一排横列，聚精会神地看着男人与牛。

就在众目睽睽之下，男人开始表演"吞牛术"。村民看到，那么一头庞大的牛，先是后足不见了，再是牛身不见了，接着是前足、牛颈、牛头不见了，最后，男人口中只剩下牛角与牛鼻。

众人看得呆若木鸡，瞠目结舌。冷不防，顶上传来一声叫唤："骗人！骗人！那家伙只是趴在牛背上！他根本没在吞什么牛，你们不要受骗了！"

村民们这才如梦初醒，定神细看。果然不错，男人只是趴在牛背上而已。

男人抬眼瞧了一下头上的松树。原来，松树枝头上坐着一个行商，正在哈哈大笑，幸灾乐祸。

"各位看官，既然法术破了，在下再来一招'开花术'吧。"

男人从怀中取出一粒牵牛花种子，搁在手心上，继而拔出腰际短刀，在地面挖了一个洞，郑重其事地埋下种子。之后，卸下身上的斗篷，盖在种子上。

"看着！要开始萌芽了！"

村民瞪大双眼，凝视着斗篷。男人掀开斗篷，土中果然已经冒出两片牵牛花嫩叶。男人时时抖动斗篷，掀来覆去之际，牵牛花逐渐伸长茎子，缠绕上松树。不一会儿，茎上长出花蕾，顶端开出一朵大红花。

"花开必谢，在此徒费工夫等花谢，不如先摘下。"

男人道毕，抽出长刀，快如闪电般斩下红花。咚的一声，红花掉落在村民眼前。与此同时，缠绕在松树上的花茎也消失了。顿时，松树下欢声雷动，掌声四起。男人牵着牛，冷笑一声，扬长而去。待村民收回视线，回到地面上的红花时，才猛然惊觉，原来，那朵红花，竟是原本坐在松树枝头上的商人的头颅。众人当下抱头鼠窜，仓皇而逃。

这个男人，正是有"飞加藤"之称的加藤段藏[①]。而这一年，也是织田信长率领两千骑兵，在"桶狭间"击破拥有四万大军的今川义元，初露锋芒，步上统一天下大道之年。

"越后之龙"上杉谦信某家臣，听闻加藤风声，立即向主君报告了此事。这在战国时代是家常便饭。当时，隐士或某些穷途落魄的武士，通常利用这种方法彰显自己，再静待当地掌权者派人前来迎接。谦信听后，深感兴趣。当时年仅二十三岁的谦信，虽非出家人，却为了达成统一天下的夙愿，剃发、穿僧衣、吃素、避色如避雠，过着克己自制的生活。

会面当日，谦信问加藤：

"可有名字？"

"忍者向来没有名字，请殿下赐名。"

"中意了，当然会给你取名。听说你会使邪术，你的法术，

[①] 加藤段藏（1503—1569）：战国时代的忍者。有"飞加藤"之称。

> 图为月冈芳年画《月百姿》之一的《上杉谦信》，谦信作的著名汉诗：霜满军营秋气清，数行过雁月三更。

对战略有用武之地吗？"

"那当然不在话下。殿下可想看看敌方的城堡内部？"

"废话！事前能够得知敌阵阵容，自当不战而胜。"

"在下可以自由自在出入任何城堡与宅邸。"

于是，谦信命令加藤于翌日夜晚潜入居家臣之首的直江兼续①宅邸，窃取一把宝刀。宝刀是谦信当场递给直江兼续的。

当晚，直江兼续宅邸戒备森严，里院又养有两头猛犬，鲜有忍者能够潜进去。直江兼续退城后，当天立即发令，召集附近所有家臣，聚集到宅邸来。加藤化装为家臣之一的侍兵，傍晚便从正门堂而皇之地潜进去了。由于约定时日是翌日夜晚，众家臣的注意力均集中在翌日夜晚，但是，身为忍者的加藤，怎么可能守约？他正是趁着众家臣率领侍兵纷纷聚集到直江兼续宅邸，乱成一团的空隙，潜进去的。

翌日，宅邸内如临大敌，搁置宝刀的房间四周，更有如铜墙铁壁，连房内天花板上都派有忍者潜伏。加藤先用涂有毒药的肉块，毒死猛犬，再潜入婢女房间，背着一个熟睡的小婢女，逃之夭夭。

小婢女是加藤成功潜入宅邸的证据，至于那把宝刀，则在直江兼续退城回家途中，被加藤调包了。因此，加藤根本不用刻意潜入壁垒森严的房间内，去窃取宝刀。根据古书记载，谦信当时真的守约，将加藤列为"讲师"之一，以便可以随时召唤入城，听加藤陈述诸国地理风俗见闻。不过，第五天，谦信便后悔了。万一，日后加藤企图谋反，与敌方通风，自己的性

---

① 直江兼续（1560—1620）：战国时代武将。

命不是很难保？第九夜，谦信终于决定毒杀加藤。第十天，加藤进城后，当然察觉出谦信的意图，利用催眠术，迷惑在场的众家臣与暗杀者，保住了性命。

事与愿违的加藤，逃到谦信的宿敌——"甲州之虎"武田信玄居城城下（山梨县甲府市）。这回，测试加藤功夫的，是管理武田忍者集团，并兼具信玄军师身份的山本勘助[①]。武田忍者集团有不少会施行幻术的高手，山本勘助当然不可能当下便将加藤推荐给主君。

山本勘助命令手下，在五米高的宅邸围墙内，铺上一层荆棘。傍晚时分，勘助带领加藤来到围墙外，叫他飞越围墙。此时，信玄躲在围墙内院的树荫下，观看测试结果。院子内也挤满了众多看热闹的家臣。

在勘助的示意下，加藤轻而易举地腾空飞起。按照勘助的计划，加藤应该会落在荆棘上，就算人不重伤，也会刺伤双脚。万万没想到，加藤在落地之前，察觉到地面上的荆棘，竟然凌空又飞回原地。这一招，令旁观的家臣们赞不绝口。

勘助问信玄，是否要将加藤列入臣下之一？信玄回说："斩掉！"

一八六九年刊行的《名将言行录》中，记载着信玄当时下令斩掉加藤的理由："那种异乎寻常的功夫，将来很可能成为葬送武田家的武器，现在除掉比较安全。"结果，老谋深算的勘助，宴请了加藤，席间不时给加藤戴高帽子。加藤以为可以如愿以偿，成为武田家的家臣，疏忽之下，多喝了几杯酒，就那

[①] 山本勘助：生卒年不详，战国时代武将。

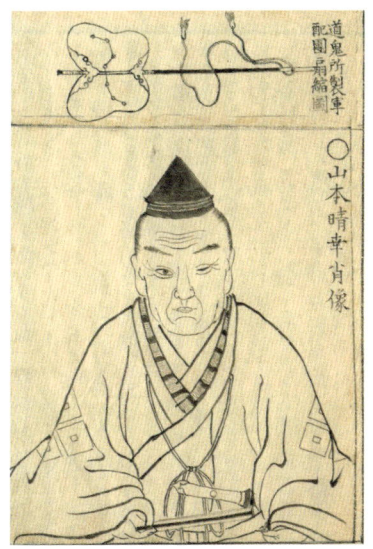 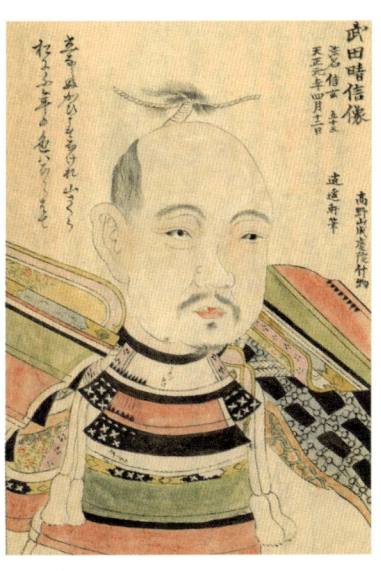

▷ 武田信玄命军师山本勘助杀掉飞加藤。图为《先哲像传》第二册里的山本勘助肖像画,作者原德斋,一八四四年刊行。

▷ 《肖像》(一八九一年制作)第一卷中的武田(晴信)信玄,署名逍遥轩。逍遥轩是武田信玄的弟弟武田信廉,具有非凡的绘画才能。

样被勘助事先安排好的刺客给暗杀掉了。

　　我想,如果加藤在察觉到围墙内铺有荆棘时,故意落到荆棘上,即便招致奚落与讥笑,是不是比较容易得到众人的信赖?至少,不会引起信玄的戒心吧。不过,当时那个时代,任何大名武将都将手下的忍者集团组织化了,他们需求的是有能力指挥集团的人物,而非个人力量。这么说来,偏离忍者正道的加藤,即便不是死在勘助手上,迟早也会遭受暗杀的命运?忍者,的确不能太引人注目,否则,不但会失去信赖,更会有性命之忧。

昔人昔话

第三章

第一节　沁人心脾的名曲《荒城之月》

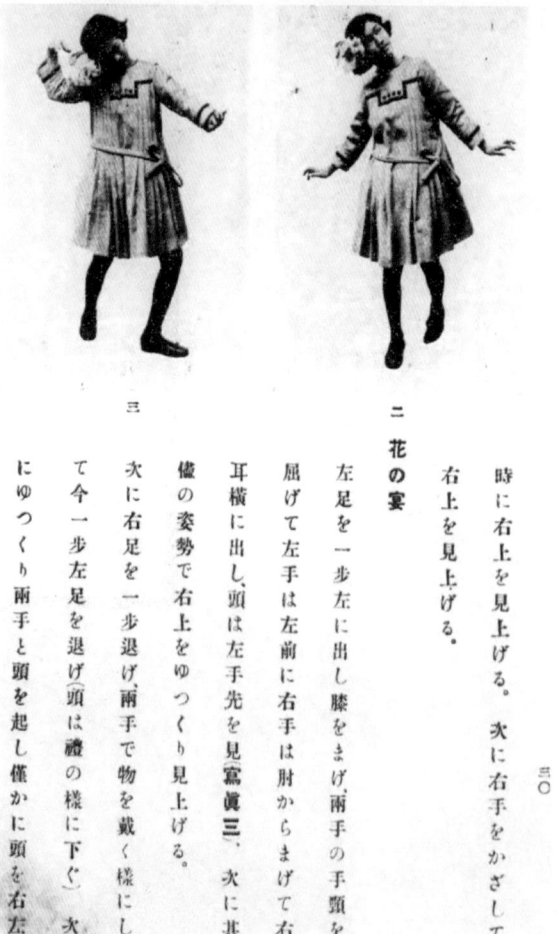

> 《荒城之月》不仅是明治时代、大正时代、昭和时代的中学音乐教科书歌曲，另有小学四年级以上女童跳的舞蹈。图为大正十四年（一九二五年）出版的《名曲舞蹈》内文之一。

听过《荒城之月》这首曲子吗?即使不知道歌词,相信有不少人会哼唱旋律吧?这是明治时代五年制中学音乐课本中的一首歌。谱曲者是泷廉太郎①,诗词作者是土井晚翠②。

土井晚翠生于一八七一年,仙台人,本名是林吉。他在三年制的第二高等学校(东北大学前身)毕业后,考进东京大学英文系,一八九七年毕业。一八九九年,诗集《天地有情》付梓,令他在一夜之间成为文坛的著名人物。土井晚翠与岛崎藤村③、国木田独步④,是日本近代诗的开创者。

▷ 昭和十一年(一九三六年)出版的《青年学校音乐教科书》(本科用)中的《荒城之月》歌谱及歌词。

---

① 泷廉太郎(1879—1903):日本音乐家、作曲家。
② 土井晚翠(1871—1952):诗人、英国文学学者。
③ 岛崎藤村(1872—1943):诗人、小说家。
④ 国木田独步(1871—1908):诗人、小说家。

一八九八年，东京音乐学校（东京艺术大学）为了编撰优良的《中学歌曲》，向当时的文学、教育工作者，以及音乐家等征集诗歌与乐谱。那时，土井晚翠已经是著名诗人，他接受了三篇诗文的委托。其中一篇的题目正是《荒城之月》。晚翠看到题目，马上联想起福岛县会津若松的鹤城。

会津藩是德川将军一族，明治维新动乱时，与官军敌对，激战长达一个月，城池才陷落。当时会津藩所有武士家十五至十七岁的少年，主动组成"白虎队"，总计有三百四十三名，全体手持武士刀或长矛，与官军的近代大炮对抗。城池陷落后，幸存的二十名小武士，在战火中逃出城门，据守在饭盛山中，最后全体切腹自杀身亡。只有一名被救回来了，也因此，"白虎队"的存在才广为人知。

土井晚翠的《荒城之月》歌词是：

春高楼兮花之宴
交杯换盏欢笑声
千代松兮枝头月
昔日影像何处寻

秋阵营兮霜之色
晴空万里雁字影
铠甲刀山剑树闪
昔日光景何处寻

今夕荒城夜半月

月光依稀似往昔

无奈葛藤满城垣

孤寂清风鸣松枝

天地乾坤四时同

荣枯盛衰世之常

人生朝露明月映

呜呼荒城夜半月

（茂吕美耶译）

东京音乐学校在所有歌词都作成之后，全部公开招募谱曲人。一人限三首曲子。泷廉太郎选了《荒城之月》《箱根八里》《丰太合》，三首曲子都被选中，一九〇一年公之于世。

土井晚翠的诗文，与中国汉诗很接近，所以当欧美风格的新诗在诗坛兴起之后，便逐渐没落了。不过，全国各地有不少初中、高中、大学的校歌歌词，都是他的诗文。昭和时代，晚翠接连遭遇不幸，丧偶丧子，又在第二次世界大战的空袭战火中烧毁掉三万册藏书，晚年可说相当凄凉。一九五二年过世，享年八十二岁。著有诗集《天地有情》《晓钟》，随笔《下雨天气候不好》，歌词《荒城之月》，译书有自希腊原文翻译成日文的《伊利亚特》《奥德塞》。

日本文部省决定在二〇〇二年新年度，将《荒城之月》自初中、高中的音乐课本中删除，理由是"歌词太艰涩"。我也觉得土井晚翠的诗文很难解，可是，《荒城之月》的旋律可以说是日本歌谣的代表作，改写歌词应该就可以，何必删除呢？官方的做法就是这样，死脑筋。目前已经有民间团体挺身捍卫此事，结果如何，还要等两年后才能见分晓。（二〇一七年补记：结果没有删，连小学音乐课本都没有删。）

在我的印象中，有不少日本人以为《荒城之月》谱曲者泷廉太郎是位清贫、短命的天才。也难怪，他留下不少家喻户晓的曲子，享年却仅有二十三岁又十个月。而一般人通常都有天才早夭的先入之见，如果那位天才生前又是过着"贫居闹市无人问"的生活，那么，"美谈"便更能镀上一层"金"。不过，我想，即使人们知道泷廉太郎其实是位出身名门的贵公子，大概也不会对他的成就吹毛求疵，毕竟他的曲子已经沁入所有日本人的心脾中。

泷廉太郎生于一八七九年，东京人。泷家代代是丰后国（大分县）日出藩藩主的家臣之长，到了廉太郎的父亲那一代，长达二百六十年之久的幕藩体制正逢崩溃时期。明治维新之后，廉太郎的父亲供职明治新政府，曾经在大久保利通[①]与伊藤博文[②]等大政治家左右任职中央官吏，十年过后，才调职担任地方官吏。起初是在神奈川县当少书记官，然后再转到富山县升任书记官，最后回到故乡大分县历任大分郡与直入郡郡长。

廉太郎是在三岁时迁徙到横滨，当时横滨已经开通铁道，也有瓦斯灯，西洋事物如火如荼地流入。据说廉太郎的姊姊跟外国妇人学习西式缝纫与针织，还学习小提琴与手风琴。这个

[①] 大久保利通（1830—1878）：政治家。
[②] 伊藤博文（1841—1909）：首任日本内阁总理大臣。

▷ 福岛县会津若松鹤城,重建之前因为战火而毁坏不堪,成为土井晚翠创作《荒城之月》的源泉之一。

▶ 享年二十三岁的天才音乐家泷廉太郎，被誉为"宛如流星划过天际一般，照亮了明治乐坛"。

时期的影响，决定了廉太郎日后前进的方向。十二岁那年，廉太郎的父亲被任命为大分县直入郡郡长，全家便迁徙到竹田町（田市）居住。竹田町正是冈城所在，冈城也正是《荒城之月》的素材。廉太郎在竹田度过了两年半的少年时代。

二十岁时，廉太郎以排名第一的成绩毕业于东京音乐学校，并晋级研究科。也正是在研究科时代，廉太郎留下了许多杰作。二十三岁时，廉太郎考上德国莱比锡皇家音乐学院，可以说是正值前途不可限量的时期。《荒城之月》正是在此时问世的。出国后不过两个月，廉太郎便病倒了。病名是肺结核，这在当时是绝症之一。扼腕归国的廉太郎，只能回到大分县的双亲家养病。过世之前，这位天才作曲家留下一首《憾》，可见他死得多不情愿。

森鸥外①的《舞姬》女主角，在森鸥外从德国返日之后，曾经千里迢迢追到日本来，却被森鸥外的家族用尽方法赶回去。森鸥外也是位名门出身的贵公子，当然，森家一族必定不会允许他搞出什么异国联姻的。廉太郎在异国只待了两三个月，外

---

① 森鸥外（1862—1922）：小说家、评论家、翻译家、医学家、军医、官员。

加身体不适，恐怕没有机会与异国女郎谈恋爱。不过，在他出殡那一天，有位陌生女子来吊丧，给泷家一家老小留下一个谜团。或许，廉太郎生前也有过一段不为人知的恋情吧？不这样想的话，廉太郎的一生，未免太过于寂寞又短促了。

据说，第二次世界大战结束后不久，一些被关押在西伯利亚的日本兵士，白天奋力做着苛刻的重体力劳动，夜晚躺在简陋的宿舍内，眺望着小窗外的月亮时，忆起的往往正是《荒城之月》。偶尔，俘虏牢房开办文娱会时，必定会有人唱这首歌。歌声一响，整个会场顿时鸦雀无声，大家都会静静地流着泪听歌。已故剧作家向田邦子[①]，有本名为《眠杯》的散文集，书名也正是《荒城之月》中"巡杯"（交杯换盏）的误用。因为她将"巡杯"误听为"眠杯"，直到她再度目睹歌词时，才哈哈大笑指出"巡"与"眠"之间的离谱。

廉太郎除了为《中学歌曲》谱曲以外，也留下不少幼儿园童谣与小学合唱曲子。他的曲子，几乎每个日本人都会唱，也都是从小就耳濡目染的"乡思曲"。我记得，发现"关彗星"的业余天文家关氏，在申请登记新发现的两颗天星时，将新星取名为"荒城之月"与"泷廉太郎"。月亮与星斗，本来就不分家；廉太郎的一生又如彗星一般，短暂耀眼，这两个名字，老实说，取得真是妙不可言。

---

① 向田邦子（1929—1981）：电视剧作家、随笔家、小说家。

第二节　犹太人的救星·杉原千亩

 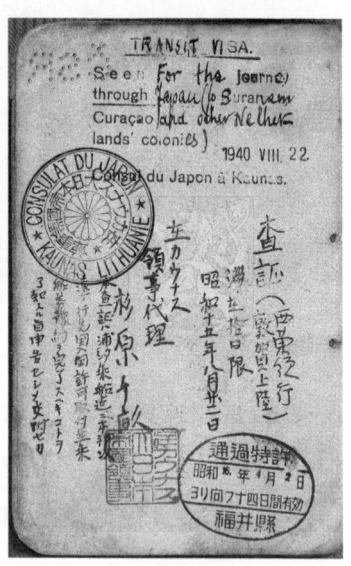

▶ 杉原千亩（左图）。杉原千亩发放的手写签证。为了救人命，杉原不分昼夜一直在手写签证。（右图）。

有不少人看过史蒂文·斯皮尔伯格导演的那部《辛德勒的名单》（Schindler's List）吧？主角奥斯卡·辛德勒，于第二次世界大战中，曾经在波兰拯救过一千二百名犹太人。我记得看过那部电影之后，感动万分，久久无法离开座位。可是，日后辛德勒夫人却揭露出"辛德勒只是为了确保自己工厂的廉价劳工，才拯救了那些犹太人。他根本不是英雄，其实是个自私自利又冷酷的男人。"读到这段话，我有点失望，不过，救了一千二百条性命毕竟是事实，不管其动机如何，都应该值得赞扬。

另一位比奥斯卡·辛德勒早三年，在立陶宛救出六千名犹太人的日本人，动机就纯粹是救人，而且是违背日本政府的命令，不顾自身前途，独断专行地下了判断。这位犹太人救星，正是当时驻立陶宛日本领事：杉原千亩①。

杉原千亩生于一九〇〇年一月一日，岐阜县人。中学毕业后，他父亲希望他考医学院，但是他的志愿是英文教师，双方意见不合，杉原便被逐出家门，断绝了父子关系。不过，杉原以送报和送牛奶等打工方法，赚取了学费与生活费，考进了早稻田大学师范部英文系。一年过后，因为学费短缺，他只好报考当时日本外务省（外交部）招募的"外务省留学生"，免去交不出学费的烦恼；又听从面试官的推荐，选了俄语学系。

一九一九年九月，杉原离开祖国远赴哈尔滨"日露协会学校"（现哈尔滨学院），学习俄语。一九三二年，"满洲国"成立，杉原就任驻哈尔滨日本领事馆事务官；第二年，升任为理事官，仕途极顺。可是，一九三五年，杉原突然辞去"满洲国"外交方面的工作，回到东京。晚年，他抒怀说："看到那些见识狭隘的年轻职业军官，强行强干，实在受不了，就回到东京外务省了。"

一九三六年十二月，杉原奉命派驻莫斯科日本大使馆，但苏联却拒绝杉原入职，原因是杉原熟知苏联国情，又在二十四岁时发表了《苏联联邦国民经济大观》论文，由日本外务省出资出版，所以怕杉原进驻苏联后会泄露苏联的国家机密。杉原只好转任芬兰。之后，又在立陶宛、捷克、罗马尼亚、加里宁格勒等地的大使馆任职过。不过，官阶都是代理领事、代理公

---

① 杉原千亩（1900—1986）：外交官。

▶ 杉原千亩于一九六九年二十月前往以色列探看四子杉原伸生时所拍摄的照片。© 杉原伸生，CC-BY-SA 4.0。

使、书记官，这是因为杉原擅长几种外语，政府命他侦察德国与苏联的内情，算是一种间谍身份，因此表面上无法任命他当正式大使，虽然他的职权相当于正式外交官。而且，又因为他在立陶宛违背政府命令，独断发放六千份签证给犹太人，外务省就在他归国之后的一九四七年，将他解职。这时，杉原才四十七岁，正值壮年期。

离开官职的杉原，为了生活，辗转换了几种职业，一九六〇年，才以某家贸易公司驻莫斯科事务所长的身份，再度迎来旅居海外的日子。直至杉原七十五岁时，他们全家人一直住在莫斯科；八十三岁时，杉原才在镰仓自宅病床上写下当时发放签证给犹太人的真相始末。一九八五年，以色列政府颁给杉原"外国国民正义奖章"，并在耶路撒冷山冈上，建立了表彰碑。得奖后第二年，杉原便撒手尘寰，享年八十六岁。

杉原抢救犹太人的过程是这样的：一九四〇年七月二十七日清晨，位于立陶宛中部河港都市考纳斯的日本领事馆前，聚集着二三百名群众。杉原派人出去探问究竟，才知道他们是从波兰逃过来的犹太人。杉原请进了五位代表，聆听他们的要求。原来他们为了逃到第三国，需要日本的过境签证。当时波兰四周已经被德国包围，想逃生，必须先从立陶宛入境苏联，再渡海到日本，最后逃到中国上海或是美国。当时苏联不允许没有第三国签证者入境，所以逃难中的犹太人需要日本入境签证。

杉原听后，马上打电报给外务省，可是外务省拒绝了。杉原再度用电报陈请外务省允许他发放为期三十天的签证，外务省依然不肯同意。七月三十一日，杉原终于决定背弃政府命令，发放签证。八月三日，立陶宛被苏联吞并了，日本领事馆

▶ 当年在日本领事馆门外焦急等待杉原答复的犹太难民。

不得不撤退,可是杉原还是不分昼夜地一直在书写着证明。八月二十三日到柏林赴任当天,火车启动之前,杉原还在忙着为群聚在车厢外的犹太人书写签证。这期间,杉原总计发放了四千五百张手写签证证明,人数是六千人左右。

杉原在一九四〇年违抗了日本政府命令,擅自发放了四千五百张手写签证证明,拯救了六千名犹太人。当时所谓"日本政府命令",其实是外务大臣松冈洋右①的旨意。日、德、意三国同盟条约是在一九四〇年九月二十七日缔结的,杉原要求外务大臣同意他发放签证证明给犹太人,是七月底,正值日本政府与其他两国进行缔结条约的时期。理所当然,外务大臣不会答应杉原发放签证给犹太人。

可是,日本政府真的对犹太人抱持见死不救的立场吗?史料证明,日本政府自一九三四年到一九四〇年为止,一直在实行名为"河豚计划"的拯救犹太人计划。"河豚计划"的提案者是海军上校犬塚惟重②,他将兼具有利与危险的犹太人比喻成"河豚"。据说,当时大约有五千名犹太人被安置在日本占领的中国东北,以帮助"满洲国"恢复经济,达到长期占领中国东北的目的。

一九三八年一月,关东军制定了《现下对犹太民族施策要领》,向政府提出保护犹太人的方针。同年十二月,当时的首相、陆军大臣、海军大臣、外务大臣、财政大臣聚集一起,举行了最高首脑会议的五相会议,决定了《犹太人对策要纲》。内

---

① 松冈洋右(1880—1946):外交官、政治家。
② 犬塚惟重(1890—1965):海军上校,犹太问题研究专家。

容是：积极接纳犹太人自然会影响日、德之间的关系，然而也无须因此便排斥犹太人；所有犹太人的待遇都跟其他外国人相等；可以积极接纳具有财力、技术的犹太人。坦白说来，这个政策，颇有利用犹太人的企图在内，不过，"无须排斥犹太人"这点，倒可以说是可取之点。

《犹太人对策要纲》在一九四二年三月才被废止。杉原向祖国外务省要求发放签证是一九四○年，照理来说，杉原并没有悖逆国家政策，可是七年后仍被罢职了，实在令人扼腕。

杉原所签发的都是有效期限十天的过境签证，逃难中的犹太人靠着这张签证，就可以从福井县敦贺港登陆日本。当时日本的过境签证规定期限是十四天以内，必备条件则是：第三国入境许可与充足的经费。窜逃中的犹太人几乎全体都不合格，因此杉原才向外务省要求允许他发放为期三十天的签证。外务省不同意，犹太人的条件又不合过境签证规定，杉原急中生智，只得将过境期限写成十天。

短短十天内，要这些在入境苏俄时，家财与贵重金属都被扣留的犹太人，找出驶往第三国的国际船舶，根本是不可能的事。所幸，幸运女神并没有舍弃他们。登陆后的犹太人代表，透过在日犹太人，造访了既是犹太教徒，也是犹太文化研究学者的小辻节三[①]。小辻多次到外务省恳求办事人员延长犹太人的过境期限，然而都被拒绝了。一筹莫展的小辻节三只好直接上诉外务大臣松冈洋右。原来松冈就任"满洲国"铁道总裁时，曾经招聘小辻节三当总裁室所属的"犹太人拯救研究部"负责

---

① 小辻节三（1899—1973）：犹太研究学者。

人，而且小辻节三本人在当时，便已经着手救过不少犹太人。幸运女神在这个节骨眼上又露脸了。

　　松冈暗示了小辻节三一个方法。小辻节三于是赶到敦贺，做了一个椭圆形的橡皮戳，上面刻着"入国特许・福井县"与"自昭和×年×月×日至昭和×年×月×日"两行字，再到神户港警察总署拜访外事主任，让犹太人登陆时，其所持有的签证证明都能加盖这个印章。过境期限正是三十天。当然，这背后多亏外务大臣松冈在撑台，小辻节三才能顺利办妥此事。这又可以说是很矛盾的一点，毕竟松冈不准杉原发放签证在前，可是当犹太人真正登陆之后，却又在幕后大动手脚，让犹太人的签证能够延期。大概前者是碍于大臣身份，无法跟德国正面翻脸；后者则是本着人道精神所作的抉择吧？松冈日后还留下这么一句话："我虽然跟德国、意大利缔结了同盟，但没有约定要残杀犹太人。"

　　日本政府在正式场合发表有关杉原的评价，是一九九一年外务大臣访问以色列时，说出"我们以他为傲"这句话。遗憾的是，这时杉原已经过世五年了。同年十月，外务省政务次官在外务省公馆宴请杉原幸子夫人，正式谢了罪。这是因为这一年三月，立陶宛、拉脱维亚、爱沙尼亚三国自苏联独立，外务省在调查此三国与日本之间的历史交流档案时，首次发现杉原的功绩与被罢官的事实，才做出谢罪的决定。

　　一九九二年，某议员在国会席上，向政府要求对杉原的"谢罪与表彰"实际行动。当时的外务大臣渡边美智雄[①]回说：

[①] 渡边美智雄（1923—1995）：政治家。

"杉原在发放签证之后，又任职了七年，应该不算被罢职。……一九四七年当时正值战后，外务省官员有三分之一都被解雇了。"又说："我个人认为杉原基于人道考虑，费尽心思让犹太人出国是件值得赞扬的事。"当时的宫泽喜一[①]总理也在国会公开颂扬了杉原。

然而，杉原被当时的政务次官罢职却是不争的事实，理由是："为了那件事要承担责任，外务省无法再庇护下去了。"所谓"那件事"，指的正是发放签证的事。到底是谁在追究责任？除了总理与外务大臣以外，谁有权追究责任？直至今日，这个谜题仍未解开。至于杉原能够在发放签证之后，还继续任职达七年之久这件事，可能和松冈洋右有关。

松冈洋右是一九四〇年七月二十二日出任外务大臣，刚好是杉原发放签证的前六天。松冈上任之后，就宣布要整顿所有人事，对于不尽职的外交官，通通不客气地召令回国解雇。第一次大规模解雇行动正是一九四〇年八月二十二日，此时，杉原悖逆松冈命令，发放签证给犹太人的事，已经暴露出来，可是松冈并没有召杉原回国。再者，松冈本身就是亲犹太人派，又曾任命杉原前往"满洲国"出任政务次官兼人事顾问，因此或许可以这样猜测：杉原在发放签证后之所以没有立刻被罢黜，应该归功于松冈与当时的"满洲总领事"的庇护。而杉原被罢官之时，松冈早已经离开外务省了。

一九九二年，杉原的故乡岐阜县八百津町，在可以俯瞰全町的山岗上，建立了一座表彰杉原的铜像，并开辟了"人道

[①] 宫泽喜一（1919—2007）：政治家。

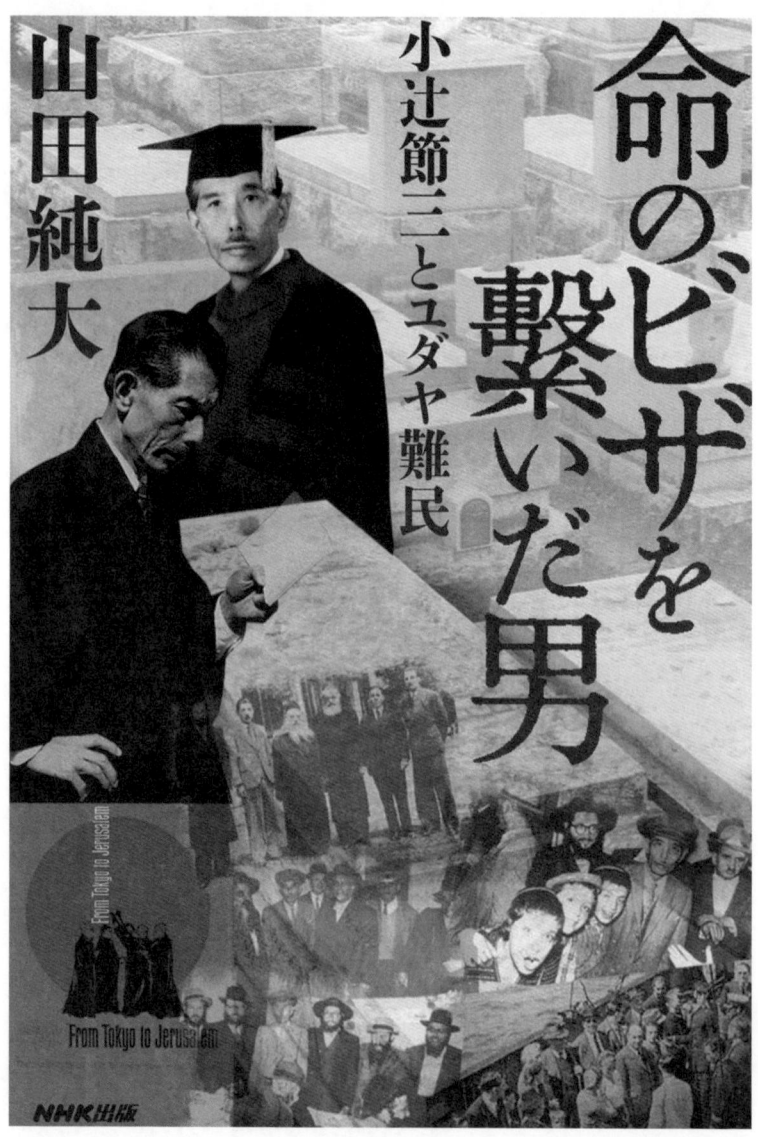

> 小辻节三也是犹太难民的救星之一。这时期的日本国内已经倾向军国主义，小辻节三被列入暗杀名单中，经常遭特别高等警察（通称"特高"）和宪兵队盘问，一九四四年被捕，遭受了严酷的拷问。

之丘"公园，之后又于二〇〇〇年建设了杉原千亩纪念馆。而经由美国波士顿的一群犹太人所募款兴建的杉原纪念碑，也在二〇〇〇年四月三十日举行揭幕典礼；纪念碑上刻着《旧约圣经·塞缪尔记》一节，并添记"杉原氏所发放的签证拯救了六千名犹太人的性命，并成为后世三代三万六千条性命的起源"云云。据说，今后还将继续募款，设立基金，筹建杉原纪念馆，并在每年举行纪念活动。日本政府则于二〇〇〇年十月十日在外务省外交史料馆设置了表彰金属板，正式为杉原千亩平反。

《辛德勒的名单》于一九九四年在日本上映，我记得电影上映后过了一阵子，日本媒体才争相报道出杉原的功绩，电视台也拍成了电视剧。其实，"杉原千亩"这个名字在日本是二〇〇〇年以后才逐渐广为人知的。虽然还有几点疑问存在，例如，到底是谁逼迫外务省解雇杉原？当初政府方面既然有所谓的《犹太人对策要纲》，为什么日后又要追究杉原发放签证的责任？这些都有待研究者继续考察。

第三节　千年因缘·日本人与猫

> 图为河锅晓斋画的《惺惺狂斋画帖（三）》，他是传统日本画的最后大师、幕府末期浮世绘界的鬼才。

在日本，一般人提到"猫"，通常指的是"家猫"（与人一起生活的猫），学名为"Felis Silvestris Catus"。最新研究显示，目前已知的现存于全世界的家猫，其祖先是十三万一千年前的更新世（亦称"洪积世"）末期，在中东沙漠地带生活的非洲野猫（亦称"沙漠猫"），学名为"Felis Silvestris Lybica"。

一般认为，古代人为了保护谷仓，抓了非洲野猫的幼猫加以驯服，用来防鼠害，这些猫正是短毛猫的直接近亲。另一种亚洲野猫（Felis Silvestris Ornata）则为长毛猫的直接近亲。

二〇〇四年四月，在大约距今九千五百年前的塞浦路斯岛（位于地中海东部）的希露诺坎博斯（Shillourokambos）考古遗址，发现了一具与人葬在一起的完整猫骨架化石。猫遗骨离人遗骨的距离仅有四十厘米，骨骸连接在一起，没有屠宰过的痕迹，而且由于同一处还埋了贝壳、磨光石、斧头等陪葬品，证明了这只猫不是偶然闯进人类的坟地，而是被有意地与人安葬在一起，这正是目前最早的"驯养猫"证据。

据说，比起现代家猫，这只猫的遗骨骨骼更接近非洲野猫。

某些专家主张，家猫和人类的共生关系并非"人类强行驯服猫"，而是猫主动接近人类。这和农耕文化的开始有关。人类学会了农耕技术，同时也学会了如何积存辛苦培育的农作物。于是，觊觎那些储藏谷物的老鼠、鸟、原始期的狗、狐狸等，也开始聚集在人类四周。

如此一来，窥伺这些小动物的肉食动物野猫（当时是野生种的非洲野猫），也开始接近人类的村落；人类这方，因为非洲野猫不是来偷吃积存的谷物，而是来捕捉老鼠等害兽，所以也就没有必要介意，双方逐渐萌生相互依存的关系，猫的驯化正是由此开始。

塞浦路斯岛本来就没有非洲野猫，从该岛挖掘出来的猫遗骨，可能是从中东地域的"新月沃土"（Fertile Crescent）与绵羊、山羊、狐狸等动物一起被带入岛内的。当时的非洲野猫的作用，或许类似现代的"威士忌猫"（Whisky Cat），是保护谷物不受老鼠危害的仓库看守吧。早期在英国的蒸馏所养的猫，称为"威士忌猫"，除了担任酒厂守护员，同时还兼负"吉祥物"的作用。

苏格兰地区格兰塔（Glenturret）蒸馏所饲养的一只名为"Towser"的长毛玳瑁猫，死于一九八七年三月二十日。这只猫在二十四年间，一共捕获了二万八千九百九十九只老鼠，是创吉尼斯世界纪录的"威士忌猫"。当地甚至还特地为它竖立了一座铜像以兹纪念。

现代的猫有的不会捉老鼠，是因为人类开发了鼠药和捕鼠工具，不再需要猫的这项技能。原则上说来，是人类社会产生了变化，并非往昔的猫比较勤快，而现代的猫变得懒惰了。

日本各个时代的猫

第一次出现在日本考古学中的猫遗骨，是十二件约公元前一世纪的猫股骨等，出土自长崎县壹岐市胜本町的弥生时代遗迹。由于当时的壹岐市没有山猫存在的迹象，而且猫遗骨和现代家猫的骨骼酷似，因而被断定是家猫。

二〇〇七年九月于兵库县姬路市四乡町的"见野古坟群六号坟"，也挖掘出留有一般认为是猫足迹的"须惠器"。"须惠器"制作于六世纪末至七世纪中期。足迹是鲜明的五个肉球和掌球，没有指甲，留在直径约三厘米、名为"杯身"的附有盖子的餐具内侧。

若是其他野生动物留下的足迹，必定有指甲，能够留下"没有指甲的足迹"的动物，只有山猫或家猫。但山猫警戒心很强，不可能在人类生活圈内的陶器或土器上面留下足迹。如此推测下去，便只有家猫才有可能在人类制作的陶器或土器上留下足迹了。

以文章形式最初登场的猫，是平安时代文献《日本灵异记》中的猫，在这之前的《古事记》《日本书纪》《万叶集》中都没有与猫有关的记载。

以下是根据文献整理出的日本各时代的猫的简略历史。

平安时代的猫

"平安时代"是七九四年至一一八五年（或一一九二年）。

平安时代初期写成的日本最古老的说话集《日本灵异记》第三十回，记载着庆云二年（七〇五年）时，丰前国（福冈县东部）某男人于死后化为蛇，打算进儿子家，无奈被赶出，之后化为狗，再度被赶出，最后化为猫，终于得到一顿盛宴，被儿子饲养下来。

平安时代中期的女作家清少纳言①执笔的随笔《枕草子》第六段，描述了第六十六代一条天皇和定子皇后是典型的猫奴，甚至给了猫从五位以上的女官位阶。据说这只猫是来自朝鲜半岛的贡品，亦是有关日本猫的最早记录。

某日，这只猫遭一只名为"翁丸"的狗追赶，逃进天皇怀

---

① 清少纳言（966—1025）：日本平安时代女作家。

中。发怒的天皇不但惩罚了狗,还将狗放流于孤岛。可是,狗翁丸竟遍体鳞伤地再度返回宫中,看到的人都为狗的坚强性格而流泪,一条天皇也深受感动,最后让狗留在了宫中。

平安时代中期写成的长篇小说《源氏物语》中描写,姬君养的猫"缠着竹帘嬉戏,'咪咪'叫着";《更级日记》也记载"猫烧死了",可见这个时代的猫都养在屋内,而且用绳子系着。不过,其他平安时代的古籍中亦出现"野猫"这个词。如此看来,古代日本和现代日本大概一样,既有养在家里的宝贝猫,亦有在外自生自灭的街猫。

镰仓时代的猫

"镰仓时代"是一一八五年至一三三三年。

据说这个时代的"金泽文库"为了保护佛教经典,特地从中国南宋进口了猫。"金泽文库"是镰仓中期的武将北条实时建立的武士门第文库,算是日本初期的私立图书馆。所在地是神奈川县横滨市金泽区金泽町,不是石川县的金泽。

镰仓时代朝臣藤原定家[①]的日记《明月记》,是定家从治承四年(一一八〇年)到嘉祯元年(一二三五年)的五十六年间,认真仔细地记录下来的日记。日记中出现尾巴分叉成两条的"猫股",也就是日本著名的猫妖。

《徒然草》也记载了"猫股"传说,看来这个时代的人相当惧怕上了年纪的老猫。这是因为中国的猫鬼和金华猫等民间传说故事传入日本,再被改编为日本味的故事吧。当时的"猫股"多指上了年纪的黑雄猫,躯体很大,尾巴尖端分裂为两条。

---

① 藤原定家(1162—1241):日本镰仓时代初期的公卿、歌人。

▷《源氏物语》里的猫主子。图为《源氏物语》五十四帖之三十五《若菜下》,尾形月耕画,一八九三年。

室町时代的猫

"室町时代"是指一三三六年至一五七三年之间的二百三十七年。

当时,猫是珍贵的赏玩动物,存在价值与原本的驱逐老鼠功效相去甚远。为了不丢失,当时有很多人都用项圈豢养珍贵的猫,像现代的狗一样。

让猫恢复本来职位的人,正是丰臣秀吉。丰臣秀吉甚至发出"不准用项圈系猫"的布告。据说多亏此禁令,才使鼠害锐减。

江户时代的猫

"江户时代"是一六〇三年至一八六八年间的二百六十五年。

这个时代,真猫极为宝贵,有人甚至到养蚕农家串街叫卖猫画,当作驱除老鼠的护符。养蚕农家的天敌是偷吃蚕的老鼠,对养蚕农家来说,猫应该算是一种近似守护神的存在。日本最古的《蚕饲养法记》甚至记载"养蚕人家,家里务必养猫"。

根据日本群马县的古记录,在一匹马的价格为一两白银的时代,猫的交易价格是五两白银。这也证明,会捉老鼠的猫,其价值远超过会农耕的马。养蚕农家的吉祥物"招财猫",也是诞生于江户时代。此外,著名的江户时代浮世绘画师歌川国芳①亦是典型的猫奴,而且是猫奴中的猫奴。

宠爱黑猫的宇多天皇

宇多天皇是日本平安时代前期的第五十九代天皇,曾一度臣籍降下,赐姓源氏,并以侍从身份在朝廷做官,因此又别称

---

① 歌川国芳(1798—1861):浮世绘画师。

▷ 日本最早的《蚕饲养法记》记载"养蚕人家，家里务必养猫"。图为江户时代的养蚕农家，五云亭贞秀画，一八六三年。

"王侍从"。

由于父亲意外地成为第五十八代光孝天皇，宇多天皇于仁和三年（八八七年）恢复皇族身份，并被册封为皇太子，于同年举行即位仪式。他不但有官僚生活经验，连即位的始末也与众不同，是位很特殊的天皇，在位期间为八八七至八九七年。

《宇多天皇宸记》（即《宽平御记》）是日本现存天皇日记中年代最古的日记，也是日本天皇亲笔写日记的首例，总计十册，不过并非全部流传下来，而是零零碎碎被保存着。"宇多天皇与黑猫"的故事正是记载于《宽平御记》。附带一提，宇多天皇的日记与其皇子醍醐天皇、皇孙村上天皇的日记被合称为"三代御记"。

在这些被保存下来的片断日记中，有一段宇多天皇记述当时所养的黑猫的文章，这段记述已经成为日本现存最古的"猫奴日记"。原文和译文如下：

"宽平元年二月六日。朕闲时。述猫消息曰。骊猫一只。太宰少贰源精。秩满来朝所献于先帝。"

译文：宽平元年阴历二月六日（阳历为八八九年三月十一日）。闲着没事，来描述我的猫：这只黑猫，是大宰府次官源精[1]结束任期返回都城时，献给先帝的。

---

[1] 源精：嵯峨天皇(786—842 年，第五十二代天皇，在位 809—823 年) 的孙子，宇多天皇是嵯峨天皇的曾孙。

▷ 日本现存最早的《猫奴日记》作者，第五十九代宇多天皇。《宇多天皇像》，京都府京都市右京区仁和寺所藏。

"爱其毛色之不类云云。余猫皆浅黑色也。此独深黑如墨。为其形容恶似韩卢。"

译文：毛色非常罕见，其他猫都是灰色，只有这只猫漆黑如墨，实在很可爱。简直像韩卢（中国战国时代善于奔跑的猎犬）一样。

"长尺有五寸。高六寸许。其屈也。小如秬粒。其伸也。长如张弓。"

译文：体长一尺五寸（约四十五厘米），高约六寸（约十八厘米）。蜷曲时，小如黑黍粒；伸长时，像弓那般长。

"眼睛晶莹。如针芒之乱眩。耳锋直竖。如匙上之不摇。"

译文：瞳孔闪亮如针，光彩照人；耳朵像汤匙一样，直立不动。

"其伏卧时。团圆不见足尾。宛如堀中之玄璧。其行步时。寂寞不闻音声。恰如云上黑龙。"

译文：端坐时，蜷曲得不见脚和尾巴，宛如窟中的黑璧玉。行走时，不发任何声响，恰如云上的黑龙。

"性好道引暗合五禽。常低头尾着地。而曲耸背脊高二尺许。毛色甝泽盖由是乎。亦能捕夜鼠捷于他猫。"

译文：它似乎很喜欢导引术气法，动作与五禽戏（模仿虎、鹿、熊、猴子、鸟之动作的中国传统健身法）一样。虽然总是低着头，尾巴贴在地面，但起身伸长背脊时，有二尺（约六十厘米）高。是不是因习得导引术气法，毛色才这么美呢？而且，夜晚抓老鼠时的敏捷性，比其他猫杰出。

"先帝爱玩数日之后赐之于朕。朕抚养五年于今。每旦给之以乳粥。"

译文：先帝宠爱了数日，即赐予我。我养它已有五年，每天早晨给它吃奶粥。

"岂啻取材能翘挺。诚因先帝所赐。虽微物殊有情于怀育耳。"

译文：并非这只猫特别出色，我才如此做，而是先帝赐予之物，无论怎样小的东西，都很珍贵。

"仍曰。汝含阴阳之气。备支窍之形。心有必宁知我乎。猫乃叹息。举首仰睨吾颜。似咽心盈臆。口不能言。"

译文：我试着向猫说，"你具备了阴阳之气，也有四肢七窍，你应该能理解我的心情吧"。然而，猫只是叹了一口气，纹丝不动地仰视我的脸,似乎怀情满胸,只是不能说话而已。

通常愈有教养的日本古人,在汉文中愈倾向于使用华丽文藻,但脸不红气不喘地对猫以"韩卢"、"堀中之玄璧"、"云上黑龙"等华丽辞藻给予最高级赞赏的人,在日本的文学史上确实史无前例。可见宇多天皇爱猫爱到甚过现代猫奴的境界。况且即便是在宫中,每天给爱猫吃"乳粥",简直奢侈到巅峰地步。

日本平安时代的贵族,每天勤快地写日记,并非基于对文学的关心,也非出于名人的骄傲,而是为了保护家门而必须做的工作。

他们最重要的工作正是"继承前例"。凡事不容许任何变化,必须彻底记住所有前例,能效仿先人做的"前例"的男人,才有资格被称为"能干的男人"。因此,为了将来、为了子孙,当时的贵族都怀着"只要跟着我做,绝对不会出错"的使命感,每天拼命写日记留给子孙。这就是日本平安时代的贵族之所以会留下那么多日记的主因。以藤原道长[①]的亲笔日记《御堂关白记》(日本国宝、世界记忆遗产)为首,日本平安贵族确实留下了大量日记。

也因此,宇多天皇在写日记时,肯定也意识到了这一点,才会多此一举地辩解说:"诚因先帝所赐。虽微物殊有情于怀育耳"。

看他在最后写的那段文章,相信每位现代猫奴看了都会感同身受地用力点头吧。

---

① 藤原道长(966—1028):日本平安时代的公卿。

日本作家、浮世绘画家与猫

夏目漱石

夏目漱石[①]养着狗、禾雀和猫。漱石前后养了三只猫，不过成为《我是猫》的主人公的是第一代的猫。那只猫是迷路的街猫，几次抓出去，又跑进家中，令漱石很头痛，不得已才决定养下。

虽然漱石在《我是猫》中将之描写为三色猫，但其实只是普通的条纹猫。这只猫很爱恶作剧，经常在半夜搔抓已经熟睡的家人的脚，或在房间闹腾腾地奔窜，气得漱石经常手持尺子追赶。

漱石给狗取了"赫克特"（Hector，希腊神话中的特洛伊王子，帕里斯的哥哥）的名字，却没有给这只猫取名，总是称它为"猫"。漱石似乎比较喜欢狗。

那只猫被养了四年，不知何时竟死在了漱石家屋后的库房的炉灶上。漱石养的狗狗也掉进邻居家的池子溺死了，禾雀则因为家人忘了喂饵食而饿死了。

漱石虽然不喜欢猫，但那只猫死了之后，他也觉得很可怜，不但给猫造坟，还发出猫的死亡通知书给弟子们。由于担忧弟子们收到死亡通知书的明信片后会大张旗鼓地涌来，便在明信片后补写一句："主人目前正在执笔《三四郎》，不用特地来参加葬礼。"

之后，漱石又养了两只猫。第二代的猫全身漆黑，取名为"怪物"。据说是抱养来的，但这只"怪物"比第一只猫更调皮，

[①] 夏目漱石（1867—1916）：日本作家、评论家、英文学者。

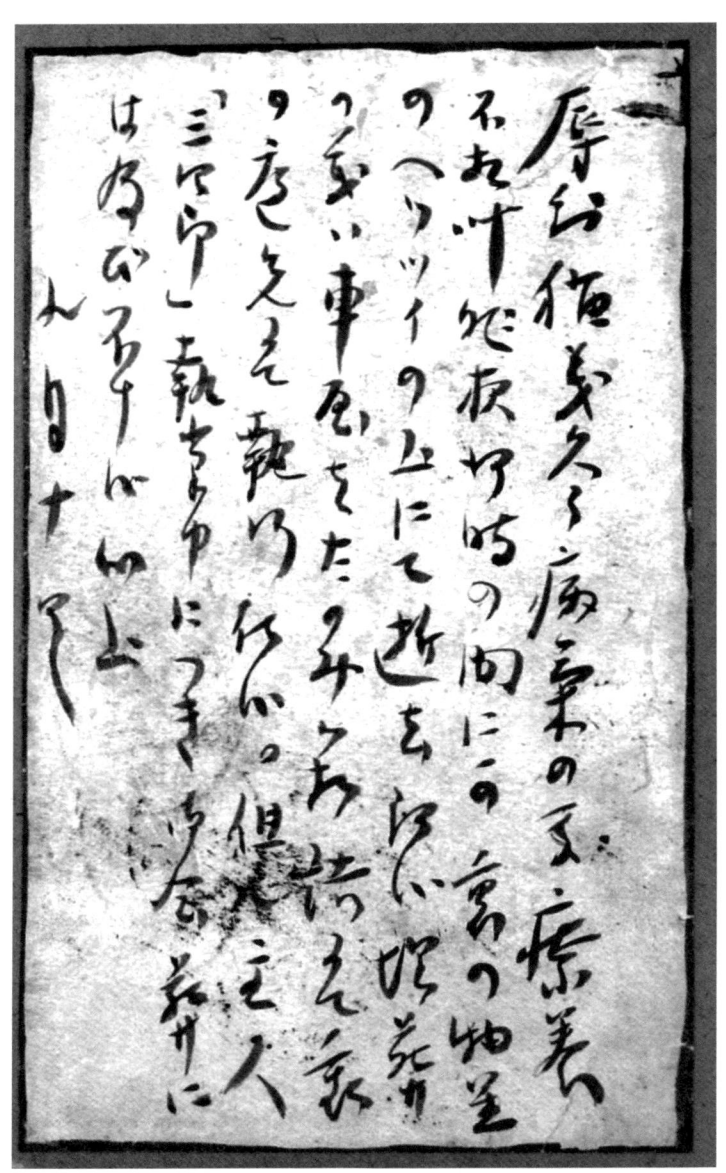

▶ 夏目漱石寄给儿童文学家铃木三重吉的《猫死亡通知书》。一九〇八年九月十四日。

时常欺负家里的小孩子，随处拉屎，把漱石家闹得鸡飞狗跳。后来收养的第三代猫，也在漱石家待没多久，就被正在收拾寝具的漱石夫人不小心给活活踩死了。

三岛由纪夫

三岛由纪夫[①]少年时代的照片中，有几张与猫一起拍的照片。他从小便很喜欢动物，特别疼爱猫。他在文章中描述，"我很喜欢那个忧郁的动物。它们不会表演技艺，并非它们学不会，而是它们认为那种事很愚蠢。它们那种有点卖弄小聪明又爱耍脾气的表情，排列整齐的牙齿，冷酷的谄媚，我真的喜欢得无以名状"。

《假面的告白》成书时，负责封面的画家猪熊弦一郎送了一只名为"贴贴尔"（《青鸟》中的哥哥）的雄猫给三岛，三岛称其为"贴尔"，非常疼爱。据说那只猫是美男子，毛色很漂亮。

然而，三岛婚后，由于夫人不喜欢猫，必须把"贴尔"托付到紧邻的父母家。尽管如此，每逢夜晚，"贴尔"总会到三岛的书房敲窗户。三岛每次都偷偷让"贴尔"进房，再拿出事先藏在桌子抽屉里的小鱼干给"贴尔"吃。

后来，那只猫和某只不良雌猫成为夫妇，不良雌猫在三岛的书房里生了六只小猫。三岛在行李箱盖子铺了毛毯，小心翼翼养着。不过，即便是猫奴的三岛也不可能瞒着夫人偷偷在书房养六个"私生子"，于是只留下一只，其他全送人了。

三岛的父亲是典型的狗痴，不太喜欢猫。他在《我的儿子，三岛由纪夫》中描述，时常设法让三岛养的猫失踪，不过，三岛会立刻再度收养其他的猫。

---

① 三岛由纪夫（1925—1970）：日本作家、剧作家。

▷ 三岛由纪夫形容猫为"那个忧郁的动物",并形容猫主子的表情"有点卖弄小聪明又爱耍脾气"。

有一次,三岛的父亲听说如果让猫吃了涂上铁粉的东西,猫会在一个月内死亡,于是马上付诸行动。不料,那只猫没有死,反倒精神百倍,而且变得凶暴起来,将三岛的父亲平素很珍惜的意大利礼帽咬得破破烂烂。

鹤屋南北(第四代)

提起鹤屋南北[①],或许有人不知他是何方神圣,但说起《东海道四谷怪谈》,应该有不少人略有耳闻吧。第四代鹤屋南北正是歌舞伎剧《东海道四谷怪谈》的作者。

---

① 鹤屋南北(1755—1829):江户时代末期的歌舞伎剧作家。

▷《新形三十六怪・东海道四谷怪谈》,月冈芳年画。

说起来，猫妖在戏剧里登场，人们也对猫妖感兴趣是江户时代后期的事了。让鬼魂灵异登上舞台，并在舞台设计与剧情有关的机关，起点正是鹤屋南北的《独道中五十三驿》（文政十年，一八二七年）。在这出戏中，第二幕和第四幕都有猫妖登场，其创作过程非常有趣。

因为之前写的《东海道四谷怪谈》极为卖座，鹤屋南北打算动笔写新作品，每天都在构思剧情。该年初春，江户三大歌舞伎剧场之一的市村座的塔架上，卡上一只纸鸢，纸鸢上画着一个口中含着长袖和服的女人头像，众人纷纷嚷嚷着跑去观看。

鹤屋南北见状，暗忖，观众可能都在期待今年秋天的戏剧最好也是鬼怪故事，于是决定执笔写与"东海道五十三次"（从江户到京都的驿道途中所经过的五十三个宿场）有关的怪谈剧本。然而，鹤屋南北在写到让猫妖登场的第二幕时，无论怎么绞尽脑汁也写不出猫妖的衣裳，只得暂时停笔。

南北家里养着猫。某日，那只猫出门散步，不久，口中叼着一张画从后门回来。鹤屋南北仔细观看那张画，原来是浮世绘画师歌川丰广画的《杀生石》，画中的"玉藻前"穿着平安时代的华丽十二单衣。"玉藻前"是个传说人物，原是狐狸，因被人识破，逃到那须野时遭射死，灵魂化为妖石，之后，凡是挨近妖石的人或鸟兽都会惨遭其毒手。

鹤屋南北看了画中的"玉藻前"的身姿，灵机一动，便采用平安时代的十二单衣当作妖猫的衣裳，如此解决了难题，再度动笔写成《独道中五十三驿》。

歌川国芳

在所有日本浮世绘画师中，江户后期的浮世绘画师歌川国芳是最著名的猫画家。他不仅擅长画猫，更是无与伦比的猫奴。家里经常养着数只猫，有时把猫放进怀中出门逛街，有时让猫趴在膝上作画，疼爱得很。

而且，他还在自己的隐号中用了"猫"字，例如"一妙开猫好""白猫齐由古野""五猫亭恰好""养白猫恰好""三返亭猫好"等，甚至连印章都用了与猫有关的图样。所谓"隐号"，是著名画师在描绘春宫画时，因忌惮官府而另取的笔名。从这些隐号类推，歌川国芳家里至少养着五只猫，而且其中有几只是白猫。

国芳的猫奴指数比现代猫奴高出许多，他在教授弟子时，总是让弟子以猫为对象练习素描。据说他家里不但有猫灵牌，而且每只猫都有各自的履历书。门生中人才辈出，例如一猛斋芳虎（歌川芳虎）、一蕙斋芳几（落合芳几）、大苏芳年（月冈芳年）等人，都深受老师影响，也很喜欢画猫画。

在模仿浮世绘画师歌川广重的名作之一《东海道五十三次》的三连画《猫饲好五十三匹》作品中，国芳总计让七十三只猫登场，正因为他家里养猫，猫的动作和姿势画得实在令人叹为观止。

国芳在这幅作品中还隐藏了语言游戏。譬如在起点"日本桥"中，由于"日本桥"和"两条鲣鱼干"发音类似，国芳便让猫咬着两条鲣鱼干；在"沼津"中，基于"沼津"和"鲶鱼"发音相近，就让猫和鲶鱼对峙。

歌川国芳也画武士绘，别称"武士绘的国芳"，不过，同时也以猫画师闻名于世。江户人都把他绘的猫画当作驱鼠符，在当时极为畅销。据说只要贴着那张猫画，家里就不会出现老鼠，即便有老鼠，也绝对不会恶作剧。不管事实与否，都足以证明

▶ 图为歌川国芳自画像,他总是穿一件画着地狱变相图的外褂,终年窝在工作室里,而且工作室里一定有猫。

▷ 在所有日本浮世绘画师中，江户后期的浮世绘画师歌川国芳是最著名的猫画家。图为歌川国芳画的《猫饲好五十三匹》，标题虽为"五十三"，其实总计有七十三只猫。

他的猫画得栩栩如生。

现代日本人与猫

在日本，猫狗完全融入人们的日常生活中，尤其是猫，日本人的爱猫情结已经形成一种独具风格的猫文化。除了数不清的猫咖啡厅、猫岛、招财猫商品、动漫机器猫、凯蒂猫、猫咪站长等，就连日语中也有大量与猫相关的形容词或谚语。

此外，每年二月二十二日更是举国庆祝猫节的"猫之日"。二月二十二日的"二"字发音类似猫叫，因此自一九八七年起，每年这个日子便被定为"猫之日"。这天，日本网络真的会变成"猫世界"，商店举办猫展，个人博客贴出自家爱猫照片，日本 Twitter 更是猫咪满天飞。

有位美国女性在网络发表的文章最能体现日本社会以及民众对猫情有独钟的特殊现象。她曾长期旅居日本，非常怀念在日本的生活。她举出一个在日本与猫接触的例子："日本有很多没有被特定人士饲养的街猫。但在日本，宠爱街猫的人非常多，无论在路上或公园里，都有人定期在喂养这些街猫。"

这位美国女性初到日本时，无意中捡了一只小猫，住在日本期间，她始终饲养着猫。她说，她在日本生活的回忆中，点点滴滴都与猫有关。

当她告别了到处都有猫的影子的日本生活，回到美国后，却不再饲养曾经那么深爱的猫了。据说，在美国，很难发现像日本猫那般容易接触并亲近人类的猫。又说："在日本，整个社会环境都容许街猫自由自在的生活，一般民众对猫极为宽容"。

最后，她描述，"无论街猫或家猫都可以和善接触，这是我在日本生活时的小小乐趣。我非常怀念那样的日本生活"。

日本人自以为是猫，其实是虎

最后来一段我个人觉得很有趣的小故事。

话说日本和英国之间有一个悬而未决的问题，在双方政府正式商谈之前，某位日本青年外交官负责与英国方面先做事前调整。然而，双方见面时，英国代表只是单方面地滔滔不绝，事情毫无进展。

外国人甚或日本人常说，日语很难懂，不过，英式英语也有不少独特的词汇与特有的措辞，不像美式英语那般干脆利落。而且，从对方的表情，日本青年外交官明显可以读取到对方鄙视自己的态度。于是，青年外交官制止说个不停的英国人。

"我完全听不懂你到底想说什么，不过，倒是明白了英国政府没有诚意打算解决这个问题。我会回去向祖国报告。"

日本青年外交官如此说后，不理会其他阻拦的英国官员，径自回大使馆了。日本媒体没有报道此事，但在英国，似乎有人拿这件事在英国议会上大做文章。

说穿了，日本青年外交官只是打算利用对方的人种歧视，作为谈判的一种技巧，让事情进行得对己方有利而已。不料，英国的次官级官员于日后访问了日本大使馆，不但为此事表示歉意，还表明已经更换了代表，希望与日本方面再度进行商洽。

"上次那位代表怎样了？"日本相关人员问对方。

"你们日本人自以为是猫，但实际是虎。你们以为只是轻轻搔抓了对方一把，不过，也请你们想象一下被老虎飨以致命一击的人的下场吧。"英国次官级官员答。

第四章 岁时生活

第一节　跃身日本国民食物·拉面

▶ 江户人本来只吃乌龙面，十七世纪中期以后，荞麦面急速普及。荞麦面在江户普及之前，是信州（长野县）地方名产。歌川国芳画。

台湾朋友来东京玩。闲谈之间才知道,这几年,或许受到电视节目影响,日本拉面竟然风靡了台湾。街头巷尾都看得到它的招牌。有名的店往往挤得水泄不通,想好好吃碗面都不容易。

我想,大家应该都知道日式拉面来自中国,但是,到底是哪个时代就传到日本的?这问题恐怕连日本人也不大清楚。其实早在三百多年前,就有位大名鼎鼎的日本人尝过中国拉面的味道了。这位大人物正是水户黄门①。

当水户黄门遇见中国拉面

水户黄门是水户藩(茨城县)第二代藩主,也是德川家康的孙子。水户藩藩主代代都是德川将军的直系子孙,第十五代将军德川庆喜正是水户藩出身的。正因为是直系子孙,藩主必须在江户定居,不像其他大名诸侯得每隔一年就来一次大迁居(参勤交代)。

水户黄门非常热衷儒学,据说当他风闻长崎有位杰出的儒者后,派遣家臣耗费了一年时间三顾茅庐,费尽心机才聘请到这位儒者大驾光临江户水户藩藩主宅邸客居。这位儒者正是朱舜水。当时朱舜水为了反清复明,七次渡海到长崎筹措资金,无奈事不得偿,只好于一六五九年在长崎旅居下来。根据《朱文恭遗事》书中记载,朱舜水是"姓朱讳之瑜,字鲁玙,号舜水,明浙江绍兴府余姚县人,南京松江府儒学生"。朱舜水住进江户水户藩藩

---

① 水户黄门(1628—1701):即德川光国,水户是"水户藩","黄门"是官名中纳言的唐名"黄门侍郎"。

主宅邸时，年岁已经相当大了，高龄六十六岁；水户黄门则是三十八岁，师生关系一直维持到朱舜水八十三岁过世时。

水户黄门很喜欢面食，少年时代经常隐姓埋名在浅草附近游荡，面食馆一家吃过一家，可能是那时偷偷跟面食馆习得一手本领吧，还会自己揉面、切面、煮面。因此当朱舜水抵达江户后，水户黄门为了表达敬意，便在宴席中大展手艺。朱舜水当然受宠若惊，于日后答礼时，也亲自做了藕粉扁条面回请水户黄门。汤头是用猪肉火腿熬煮成的。这就是"当水户黄门遇见中国拉面"的过程。

水户黄门以后，便没有任何有关拉面的史料了。二百多年过后的一九一〇年，浅草公园才出现了东京拉面始祖"来来轩"。

日式拉面的起源

日式拉面的发源地是横滨南京街。一八七一年明治政府与清朝缔结友好条约后，将南京街规划为"清人居留地"，于是本来在外国人家庭当仆役，或是在"外人居留地"负责买办的中国人，便纷纷聚集到南京街来。这也正是今日横滨中华街华侨势力的起点。一八七六年时，南京街人口只有一千多，十年后就增加到两千多人。原本专门给中国人光顾的小饭馆，一九一〇年时增加到十七家。因为是小饭馆，卖的都是面食、小吃之类的。

一九一〇年左右，南京街的两大势力是广东人与上海人，以及一小部分山东人。面食当然也就有地方特色，可能有拉面也有切面，叫法也不一样。广东人跟上海人讲话，本来就跟

"鸡同鸭讲"类似,可是在日本人耳里听来,就通通都变成是"唐语"。管你说的是"拉敏"还是"老敏",甚或是"拉米"还是"老面",反正听在耳里就是"Ra-Men"。

再说,日本人也分不清切面与拉面的不同,一律将南京街的面食称为"Ra-Men",时日一久,南京街的上海人与广东人,便将面食的名称统一为"Ra-Men"。而且,广东面与上海面,起初都是咸味的汤面,但是日本关东地区是酱油文化,为了迎合日本人,南京街的面食馆,便干脆也将味道改为酱油味。至于第一个在汤面里加酱油的厨师到底是谁,则无从追究了。

庶民的东京拉面

十九世纪中期明治维新以后,西化运动风靡一时,日本人全体都在"向西看",于是西餐馆鳞次栉比,上自政府高官惠顾的高级餐厅,下至一般庶民充饥的小饭馆,可以说是应有尽有。怪的是,中餐馆却连个影子都没有。虽然现代日本家庭餐桌上,时时出现青椒炒肉或是回锅肉等之类的日式中国菜(味道已经被改为适合日本人口味了),但是中餐传入日本的历史其实并不久,大致是十九世纪末的甲午战争、二十世纪初的日俄战争以后,日本人才开始对中餐感兴趣。

东京第一家中餐馆是

▷ 东京拉面代表,酱油味道。

"永和斋"，一八七九年由一位中国人在筑地开张，食谱中有松花蛋（皮蛋）、白斩鸡（白切鸡）、燕鳗、五香牛肉、炒肉丝等，一人份的最低费用是一元二十角，而且必须是六人以上才接受预约，预约日期也得提前两三天。当时庶民吃的荞麦面一碗才八分钱，恐怕连买一个皮蛋都不够，怎么可能吃得起中餐？一八八三年第二家中餐馆"凯乐园"成立，翌年第三家"聚丰园"也隆盛开张。作家谷崎润一郎在他的《幼少时代》一书中，提到了有关"凯乐园"的回忆。"凯乐园"的园主是日本人，股东都是当时赫赫有名的实业家，所以"凯乐园"也是政客们的商议场所。

"来来轩"的创始人是日本人，一八八二年二十三岁时，任职横滨海关官吏，可能是这时在横滨与中国面食相遇的。"来来轩"的创始人在浅草公园开张店面时，一开始便打算以庶民为对象，提供便宜又可饱餐一顿的中国小吃。食谱是广东点心、馄饨、拉面、肉包子、烧卖……。一八九九年，日本政府废除居留地制度之前，长崎是福建人的中心地，横滨是广东人聚集的地方，所以"来来轩"的创始人在横滨遇见的可能是广东小吃。广东菜本来就非常适合日本人的口味，"来来轩"当然生意兴隆。开店十年后，厨房里掌厨的中国厨师据说有十三人，如果加上手下的日本人，恐怕至少也有二十人以上。每逢元旦时期，一天的顾客多达两千五百人。真是会让现代的拉面馆羡慕死了。

"来来轩"的拉面汤头是鸡骨与豚骨、蔬菜，配料很简单，叉烧肉与笋干、青葱而已。面则是用手拉长的拉面，一九三〇年才改为机械制面。"来来轩"一直传到第三代，因为后代不想接班，一九七六年便永久歇业了。第三代在第二次世界大战的出征期间，字号商标权限过期，等他回乡想再度登记字号商标时，大街小巷中挂着"来来轩"门帘的店家，已经如雨后春笋，来不及抢救了。

北海道第一家拉面馆

一九二二年，北海道大学正门前出现了一家"竹家食堂"，创始人本来是个警察，几经周折，最后成为食堂老板。起初，光是经营食堂，似乎无法维生，日后"北大"留学生带来一个山东人厨师王文彩，这才令"竹家食堂"免于倒闭。

当时"北大"据说有留学生将近二百人，都是富家子弟，大家听说"竹家食堂"有个山东人厨师，便每天都来光顾。食谱有面类、饭类、炸菜、炒菜，其中最受欢迎的是肉丝面。王文彩不知在哪个时期离开"竹家食堂"，只知道接他后棒的是李宏业与李绘堂，这二位都是山东人，也是拜把兄弟，正是这二

▷ 北海道札幌拉面代表，味噌味道。

▷ 北海道函馆拉面代表，清汤味道。

位奠立了札幌拉面的基础。

王文彩的肉丝面虽然广受留学生好评，但是一般日本人依然不习惯吃肉，觉得太油腻。李宏业与李绘堂只好日夜钻研，将油腻的肉丝面改革为清淡的日式拉面。拉面上只配叉烧肉、笋干、青葱的札幌拉面，大概是一九二六年完成的。可是，这个时期，东京的"来来轩"已经有类似的酱油拉面了，所以我猜想，这个时期的札幌拉面应该是清汤拉面。因为现代的日式拉面，普遍有四种口味，酱油、味噌、豚骨、清汤，清汤拉面正是北海道拉面的一种，函馆拉面现在依然固守着清汤味道。虽然现在人们一提起札幌拉面，一定会浮出味噌拉面的形象，不过在札幌拉面里加入味噌且令其闻名全国的，则是战后一九四五年以后的事。

拉面上的配料加入鱼板、紫菜、煮蛋，也是在这个时期出现的，这是传统荞麦面店老板们的创意。至于在札幌清汤拉面里加入味噌的，则是屋台（路边摊）拉面老板大宫守人。战后，日本全国各地粮食短缺，大宫守人为了让食客也能够自清淡拉面中摄取营养，于是在一般酱油或是清汤拉面上，加上另外用洋葱、豆芽、肉丝、青椒、大蒜等热火炒成的炒菜，最后配上笋干与青葱，初期的札幌拉面就这样完成了。然后，大宫守人又花了五年时间，才完成味噌配料。

各种地方拉面

博多豚骨拉面是战后的产物，也是日式四大拉面之一。汤头与札幌拉面一样，都是以豚骨为主，只是博多人将豚骨熬到骨髓与胶质都出来，让汤头呈现乳白色，吃完面后还可以追加面条，才能在众多种类的九州地方拉面之中冠称"九州代表"，称霸全日本。

另一个很有名的地方拉面是喜多方拉面，这是福岛县的名产。面条是粗面、卷面，汤头是酱油，特征是面条上的配料不是叉烧肉，而是红烧猪肉。我曾经到福岛县玩过，会津若松与喜多方都逛过了，镇上真的像是喜多方拉面招牌的洪流。可是，首要的拉面味道却让我的期待落空。怎么这样？吃完后只有这句感想。据说现在为了避免玉石混淆，镇上的有志人士成立了"保全喜多方拉面名誉协会"，三不五时临检镇上的拉面店，随时打分数并给予等级。

▶ 九州博多拉面代表，豚骨味道。

我个人想推荐的是盛冈冷面（类似台湾的凉面）与冲绳荞麦面。遗憾的是这两种面都得亲自到当地才能吃得到。盛冈冷面是一位韩国人于一九五四年在盛冈市开一家平壤冷面店起源的，这位韩国人的日本名字是青木辉人。因为平壤冷面不合日本人口味，青木氏花费许多心血改良面条与汤头，才创造出今日的盛冈冷面。

盛冈冷面原料是藕粉与面粉，煮熟后面条会变成透明，不但圆滑，又具有弹性，不易咬断。汤头是冰凉的，甜甜酸酸的味道配上面条上的韩国辣泡菜，以及几片新鲜的苹果与西瓜块，色泽鲜明，味道极佳，实在好吃！四五年前，我到岩手县游览宫泽贤治、石川啄木这两位大诗人的出生地，顺便逛逛小岩井农场（宫泽贤治童话中出现的伊哈特卜与波拉诺广场）、龙泉洞以及藤原之乡等胜地，那时才知道盛冈市名产是盛冈冷面，到处都有冷面招牌。一试之下，惊为天人，生平以来首次知晓原来面条有这种吃法。可是，车子一开出岩手县，就找不到冷面招牌了。现在市面上有卖现成的盛冈冷面，夏天时，我时常买回来自己煮，另外加水果配料，不过，总觉得还是比在岩手县吃的冷面逊色多了。

至于冲绳荞麦面，这个也很特别，我是百吃不厌的，值得推荐。可惜面条很难买，配料的鱼板也

▶ 作者最喜欢吃的"五目中华面"，其实就是什锦面。

▶ 作者推荐的盛冈冷面，跟韩国冷面的酸辣甜味道类似，但少了辣味。

▶ 冲绳荞麦面。冲绳荞麦面原料不是荞麦，而是百分之百的小麦面粉，和兰州拉面类似。因为名称和荞麦面一样，让人难以分辨，过去曾引发名称争议问题。现在"冲绳荞麦面"已经成为地域团体商标。

跟内地不同，和台湾鱼板有点类似，我每次都要跑到神奈川县才买得到面条与鱼板。

　　介绍了这么多日本拉面，最后我想郑重推荐中国的兰州拉面。我在河南住过两年，对河南的烩面、炒粉（跟泰国那种粗厚米粉类似）、兰州拉面、涮羊肉等，至今依旧念念不忘。中文的"衣食住行"，为何重视"食"，我想，应该是有其道理的。

第二节　便利平价席卷全世界·方便面

> 日清食品的杯面,于昭和四十六年(一九七一年)推出后,经由"浅间山庄"事件电视现场报道镜头效果,很快便普及于一般家庭。©Yumi Kimura, CC-BY-2.0。

根据富士总和研究所(现为瑞穗总和研究所)于二〇〇〇年调查统计,日本人认为二十世纪轰动全球的十大发明(日本商品),排行如下:方便面、卡拉OK、随身听、家庭用电脑游戏、迷你光盘MD、照相机、黑泽明、神奇宝贝、汽车技术、寿司。名列前茅的方便面,二〇〇〇年的全球年消费量高达四百六十三亿包,二〇一五年的全球年消费量更升至九百七十七亿包,几乎可以说是"全球化"的商品,难怪日本人会将方便面列为榜首。

方便面到底是谁发明的？印度尼西亚有 32.3% 的人，认为是"印度尼西亚发明的"；韩国则有 25.6% 的国民，认为是"韩国发明的"；中国仅有 17.6% 的消费者，深信是"中国发明的"。由此，也可以看出，方便面已经成为各国饮食文化的成员之一。

其实，方便面的历史并不悠久。方便面发明之父，是日本大阪市日清食品公司创始人——安藤百福[①]（出生在中国台湾地区）。第二次世界大战后，日本民穷国贫，粮食必须在黑市上才买得到，国民连吃一顿饭都成问题。安藤看到大阪梅田黑市寒天下，人们为了吃到一碗热腾腾的拉面，连日在拉面店前排成一条长龙的光景，灵机一动，决心做出不用排队也能吃得到的拉面。

当时，美国支持的主要粮食是面粉，日本政府为了扩大国内的面粉需求，劝诱国民尽量以面包为主食。唯独安藤一人，向厚生省申诉应该奖励日本传统饮食之面食。但是，行政人员却回他："既然你这么坚持，自己做不就行了。"于是，安藤家院子内一栋简陋窝棚，便成了方便面的创始研究院。

安藤设定的商品化目标是：好吃、安全、简单、廉价、长期常温保存。整整一年，安藤不是躲在窝棚内煮面条，便是骑着自行车飞奔在大街小巷买面粉。难关正是"长期常温保存"。安藤早就有"将干燥面条还原"的创意，只是，试了各式各样的方法，总是无法满意。

有一天，安藤看到妻子在厨房内炸天麸罗，突然想出一个

---

① 安藤百福（1910—2007）：被日本誉为"方便面发明之父"。

妙计，随手将面条放进油锅内。裹上面衣的面条，放进热油锅内，水分会蹦出来，致使面条上出现无数小洞。再在炸好的面条上注入热水，热水会浸润小洞，油炸面便会还原成原本的状态。方便面的原型，就如此完成了。接下来是汤头。这也是偶发事件令安藤选择了鸡骨汤头。话说有一天，安藤在家中宰鸡，鸡血溅到在一旁观看的次子（现日清食品公司社长）身上，从那时以后，安藤家次子便不敢再吃任何鸡肉料理，唯有鸡骨汤头拉面，却是百吃不厌。因此，安藤决定将空前发明的方便面汤头，定为鸡骨汤。

第一包方便面，名称是"鸡汤拉面"，诞生于一九五八年。这一年，同时登上日本社会舞台的，是东京铁塔、一万日元大钞与巨人队新人王长岛茂雄。

▶ 方便面鼻祖的日清食品公司的鸡汤拉面袋子。

"鸡汤拉面"另有一个俗称："魔法拉面"。意思是说，只要注入热水，盖上盖子，三分钟后便能变成一碗热腾腾的拉面。但是，一包定价三十五日元的"鸡汤拉面"，与拉面店现煮现卖、又有配菜的拉面，价格差不多。当时一包乌龙面售价仅六元。批发商均愁眉苦脸，完全没有把握新商品到底能不能销售出去。没想到，半年后，"鸡汤拉面"竟成为供不应求的畅销食品。

两年后，森永制果公司推出速溶咖啡，这也立即成为消费者们的最爱、媒体界的宠儿。全国各地的百货公司不约而同地兴起一股"即席食品大会"热潮，汇集了所有即席食品，三不五时举办花样百出的商品展览。一九六〇年至一九六一年的流行语大奖，正是"即席"（Instant）；而一九五八年则是"即席元年"。这个时期，执政当局自岸田内阁移交至池田内阁，池田首相高呼要令所有国民"所得倍增"，日本社会于是进入了高度成长时代。

由于商品供不应求，众多食品厂商蜂拥加入方便面市场争夺这块大饼。人多就乱，龙多就旱；七十家，高峰时甚至多达百家的厂商，竞争起来如狼似虎，品质便直线下降。一九六二年，明星食品公司与东洋水产公司，同时推出面与汤头分开的方便面。这一招，由于消费者可以在煮面时，自己加入蔬菜或其他鸡蛋配菜，人人称庆，也令各家厂商开始埋头钻研不同流派的新商品。

一九六一年，方便面年产量是五亿五千万包；一九六三年，骤增至二十亿包；一九六五年，更飙到二十五亿包。这个时期，方便面种类五花八门，炒面、馄饨、日本风味乌龙面等，商品名不胜枚举，汤头种类也多得不计其数。一九六八年，明星食品公司又将原本的粉末汤头，改为液体汤头；小小一包袋子，有猪油、芝麻、橄榄油等鲜味佐料，面条也改为用热风吹干的"非油炸面"。

一九五八年诞生的方便面，价格是三十五日元；十年后的一九六八年，价格依然是三十五日元。这期间，国铁最低交通票价由十元升值为三十元；十公斤的白米，由八百五十元升值为一千五百一十元；一瓶一百八十毫升的牛奶，也由十四元升值为二十元；报纸则自一个月三百九十元涨到七百五十元；十年前与方便面同等价格的吐司面包，也抬高身价，变成五十元。唯独方便面，所幸一直处于激烈竞争的战况下，虽然质量节节改进，价格却始终在原地踏步。

一九六九年，阿波罗登月。一九七〇年，万国博览会在大阪开幕。日本国民生产总值（GNP）跃居全球第二位。社会由高度成长时代跨进消费时代。花在主食上的开销逐渐减少，取而代之的是嗜好品花费，在外吃饭次数比率也逐渐增加。另一方面，方便面的年产量高达三十六亿包，市场完全陷于饱和状态。而打破此僵局的，竟然又是方便面之父——安藤百福。

安藤为了往海外扩展商机，时常出国开办商品说明会。会场中，西方人不擅使用筷子与泡面的大碗，有些人干脆将干面分割成两半，放进纸杯子中，热水一泡，就用叉子试餐起来；再加上机内便餐中，有装果仁点心的铝制杯子，这些现象，再次刺激到安藤的灰色脑细胞。于是，安藤脑中再度浮现出"杯面"的原型。

可是，问题又来了。到底该怎么将面条放进上宽底窄的杯

▷ 将面条倒放,再从上面罩上杯子,如此不但可以避免商品在流通时压坏杯子,也可以让面条味道均匀。

子中?只要将干燥的面条缩小,令其落入杯子中便行了,制造方法其实很简单。但是,在机器流水作业过程中,时时会因面条落下时的冲击,损害到容器和面条;商品流通过程中,也会压坏容器;最重要的是,面条还原时,味道无法均匀。

某夜,安藤半夜醒来,睡眼惺忪中,感觉天花板好像在旋转。或许是朝思暮想,念兹在兹所致,安藤又灵光乍现,想出了将面条倒放,再从上面罩上杯子的点子。一九七一年,史上第一个杯面因而出世。这一年,也是肯德基烤鸡、麦当劳汉堡在东京登陆的同一年。但是,批发商对杯面的反应却相当苛刻:"这东西怎么卖得出去?""定价一百元,太贵了。""这简直是在造反,完全违背了日本的吃食良风美俗!"

安藤没有气馁。公司内的新商品推销部门员工们,更没有临阵脱逃。他们将新商品带到高山滑雪场试卖,成绩果然不错。接着,再向自卫队推销,说杯面最适合野外演习。这个方法也奏效了。第二年,发生了惊动全日本的"浅间山庄事件",五名联合赤军成员与警方机动部队,在长野县轻井泽山中展开枪击战。现场直播的电视屏幕中,出现了机动部队队员们捧着杯面充饥的镜头。这镜头比任何广告都有效,眨眼间,杯面便普及到一般家庭内。

如今,日本方便面年产量是五十二亿包,其中,泡面大约有二十亿包,杯面则是三十亿个,其他是生面类的方便面。一人的平均年消费量是四十一包,比起一九五八年,成长率高达四百倍。方便面的种类也增加到八百八十种。(二〇〇〇年统计)

环视全球,方便面十大消费国依次是:中国、印度尼西亚、日本、越南、美国、韩国、菲律宾、印度、泰国、巴西。看来,似乎主要都聚集在亚洲。若按年均消费量来看,韩国高居榜首,一人每年可以吃掉72.8包,其次为印度尼西亚、越南。(二〇一五年统计)

一九九八年,环保团体发表《杯面容器会溶出有害人体的环境荷尔蒙》论稿。中国台湾地区的医药品食品卫生研究所也发表出类似报告。这项骚动,令方便面厂商方寸大乱。有些厂商甚至因此而换了容器。经过致密调查,才知道环保团体所发表的环境荷尔蒙,本来就不在日本环境厅所指定的环境荷尔蒙名单上。至于台湾地区的食品卫生研究机构所发表的两种环境荷尔蒙名称,日本环境厅于一九九九年也将之自名单上除外了。理由是:"目前调查不出不准使用杯面容器的任何科学根据。"

其实,类似的骚动,早在一九六四年便曾经发生过。原来是有消费者向厂商抗议,吃了方便面之后引起食物中毒。厂商一边回收商品,一边调查原因。后来才知道是零售商将商品长期搁置在炎夏的店头前,导致商品质量出了问题。结果,安藤于第二年,在每包方便面上都刻印上制造年月日。据说,这也是全球前所未有的尝试。一九九三年起,日本政府规定每一包方便面上都必须标明营养成分比率表与内含的维生素成分表。一九九六年起，此项法则也应用到其他所有加工食品上。

有一项调查非常有趣。问题是："你想请谁吃方便面？"对象不限古今中外。结果，日本人的回答依次如下：德川家康、美国前任总统克林顿、坂本龙马、织田信长、拿破仑、埃及艳后、圣德太子、伊丽莎白女王、披头士约翰·列侬、丰臣秀吉。

另有一项调查更可笑。问题是："你希望二十一世纪会出现什么超级方便面？"回答如下：

"超音波方便面"：打开盖子，便立即出现一碗热腾腾的拉面。

"魔法拉面"：用自来水也能泡出一碗热气腾腾的拉面。

"强力面"：只要吃一碗，便能汲取一天所需的营养成分。

"宇宙面"：跟宇宙食品一样超级小，热水一冲，便能变成普通尺寸的拉面。

"减肥面"：边吃边能减肥的拉面，当然营养成分不能少。

"环保面"：喝完杯面中的汤，最后还能将杯子吃进去的拉面。

我的回答是："忍者面"。如果能够将杯面缩小成汤圆那般大小，串成项链，挂在颈上，那，无论遭逢天灾或人祸，至少可以不用饿肚子吧？

将近九百种的方便面，花样百出，形形色色。最近新上市的不但有辣得令人眼里冒金星的"辣椒泡面"，还有熟面真空包装类的"乌贼墨汁意大利面"，调味包内甚至有切成圆环状的乌贼。其他所谓"当地拉面"，更是不计其数，从最北方的北海道至最南端的冲绳县，市面上都有各县当地风味的"当地泡面"。

日本厂商目前热衷开发研究的是"当店"、"当人"方便面。顾名思义，便是将一些闻名全国的拉面店或拉面名师的汤头，转换成泡面。由于此类拉面在技术上比较困难，开发时间通常需要四个月至半年左右。而且，拉面名师通常也不肯透露汤头秘诀，都会保留最后一招秘诀佐料。因此，厂商开发人员只能自己摸索，等到做出一定味道时，再拿试做品让名师品尝，取得最终同意。从名师的角度来讲，方便面味道毕竟比不过店头现煮现卖的真正拉面，获利也不多，唯一的可取之处是，泡面包装上冠上自己店家的名称，可以达到宣传的效果。例如北海道最有名的"五丈原拉面"与"时计台拉面"，以及"新横滨拉面博物馆"内几家超人气的拉面店，均已经商品化了。

第三节　袒裎相见热乎乎·泡汤趣

▷ 浮世绘中的"女汤",这是有关公共澡堂最早期的浮世绘,年代大致在一七八一至一七八九,图中有个江户妈妈带着孩子到钱汤洗澡,榻榻米处是脱衣所;左边窗口有个男子头像,那是负责调整热水温度的下人。鸟居清长画。

曾经与几位网友谈起洗澡文化,或许是气候关系,我发现中国人没有泡汤(热水澡)的习惯。继而又想起第一次回台时到某位网友家过夜,她们家浴室构造是西式的,马桶安置在浴室内,虽然有浴缸,却没有洗澡场与脱衣室。换句话说,洗澡时必须在浴缸内冲莲蓬头。到冲绳旅游时,民宿内的浴室也只有莲蓬头,没有浴缸。度假期间,碰巧有机会造访了一位旅居冲绳有六年的内地人家,他们住的公寓,浴室内莲蓬头底下也是只有一个小小的池子而已。看来，泡不泡汤这个习惯，真的与气候有关。

　　一般日本人的家庭浴室，有脱衣室与洗澡场。所谓的脱衣室，便是刷牙洗脸、搁置洗衣机、安放毛巾浴巾的地方。浴室内有洗澡场与浴缸，洗澡时先在洗澡场莲蓬头底下洗头、冲洗全身，之后再跨进浴缸，蹲坐在浴缸内泡汤。因此日本式浴缸通常是方形的（现在长方形的越来越多），深度也比西式浴缸深，蹲坐在浴缸内，热水恰恰好抵达脖子。而且浴缸内的热水，是全家共享的。浴缸上另有几片排成一列的盖子。热水温度不合时，以前是开浴缸旁或墙壁上的烧水器，一边泡汤一边加温；现在则是事前设定好热水温度、热水量（也可以补水）、保温时间，洗澡前按一下电钮便全部搞定，而且会有清脆女高音告诉你"还剩五分钟便完成"，完成后再叮当叮当响起一阵音乐声，并告知"已经完成，可以洗澡了"。这个热水遥控仪表板通常有两个，分别设置在浴室和厨房，换句话说，你可以在厨房设定浴室的热水温度和热水量，也可以分别设定厨房水龙头和浴室水龙头的水温。我认为，只要使用过一次日本家庭的热水器，保准你羡慕得恨不得打包带回去。

　　日本人是战后才在居所内设置独立卫浴设备的。战前，上流社会以及一些富裕人家以外的庶民，都是到"钱汤"（Sentou，公共澡堂）洗澡，顺便泡热汤以便洗去一天的疲惫。在上述聊天中，网友 A 说："外国人早上洗澡是为别人洗的，中国人一身干爽暖香上床是为自己而洗。"我也想说："西方人的洗澡方式是事务性的，日本人的洗澡方式是享乐性的。"而且，日本人的泡汤学，真正目的在"裸体社交"上。

日本泡汤学起源于七世纪初。当时，向中国隋朝皇帝隋炀帝自称是"日出处天子"的圣德太子，积极引入佛教。而佛教中，正是有一卷劝说沐浴功德的"温室教"经文，上记载：当用七物除去七病，得七福报。所谓七物是：燃火、净水、澡豆、苏膏、淳灰、杨枝、内衣。寺庙僧侣因为必须清心净身才可以礼佛，所以寺院中沐浴设备相当完善。奈良东大寺与法华寺现今还保存有当时的澡堂与"大汤屋"。寺院开放澡堂让施主享受沐浴的乐趣，便是"施浴"。从此，日本人养成了洗澡的习惯，而施主在沐浴完毕之后，总是会捐献一点沐浴金，所以"寺汤"又演变成日后

▶ 现代的日本公共澡堂"钱汤"。"钱汤"一定都有壁画，最常见的是富士山壁画。

的"钱汤"。

十二至十六世纪的镰仓时代、室町时代,施浴风潮更是兴旺。这个时期在记录上是寒冷时代,因此对庶民来说,泡汤不仅是洗净身体的方法而已,更是避寒的一种享受。此时,施浴习惯也普及到一些贵族阶级之间。当时的将军足立义政夫人日野富子,每年年底都会招待亲朋好友,在施浴之后再展开宴会。庶民阶级的大都市富裕人家,也会宴请左邻右舍,在沐浴之后款待热茶、美酒佳肴。这种呼朋引伴到家中洗澡泡汤并吃喝玩乐的风土民情,逐渐被称为"风吕"(Huro),正是今日日文的"洗澡"一词。地方小都市和乡村的药剂师堂与观音堂,也经常宾朋满座,信徒与村民们自带清茶淡饭、土产酒,就地排宴起来。

十七世纪初,江户出现了第一家钱汤。这是德川家康移居江户之后的第二年,城邑还未形成。不过到了十八世纪初时,竟普及到百步之内必有一家钱汤的程度。当时的钱汤是蒸气浴,浴池内热水及膝,人们坐在浴池边缘,将下半身浸在热水中,让上半身沐浴在蒸气中。一般庶民家庭则是流行"铁炮风吕",就是在铁制圆桶底下烧柴的方式。

江户时代的钱汤是早晨烧水,下午四点左右结束营业。后来除了提供洗澡以外,还出现了"汤女"服务。这些汤女,白天帮澡客擦洗背脊,下午四点以后陪伴澡客喝茶饮酒。仙姿玉色的汤女,甚至可以与日本第一烟花市吉原的花魁媲美。据说汤女全盛时代时,有一阵子竟令吉原烟花市门可罗雀。可能是因为不分身份地位,人人都可光顾钱汤的缘故吧。毕竟对当时的庶民来说,吉原烟花市是可望而不可即的存在。德川幕府基于风纪上的理由,屡次发布禁令,却是完全不奏效。直至一七〇三年江户发生震灾以后,汤女才逐渐自消自灭。

不过,钱汤依旧是庶民憩息的场所。十八世纪以后流行的"二楼风吕",正是现代郊外式澡堂的缘起。当时澡堂二楼大厅,是澡客们闲茶浪酒、对棋观棋的社交场所。现代健康澡堂,不但有各式各样的药汤池,还有健身房、蒸气浴、餐厅、电玩室、卡拉OK、日本舞蹈秀、按摩、儿童图书室、午睡室……应有尽有。假日带小孩去,可以玩一整天。

江户钱汤起初是男女混浴,天保改革(一八四一年至一八四三年)之际,幕府才开始严厉取缔。明治二十三年(一八九〇年),新政府更制定了七岁以上不准男女混浴的法令,此习俗才彻底消灭。不过,现代有些露天温泉,还是以混浴为商业号召,否则一些夫妻或父女母子,便无法享受"天伦浴"的乐趣了。当然洗澡场是男女有别。东京都内的一般钱汤(纯粹洗澡用)于二〇〇二年时大约有一千三百家,二〇一五年时减至六百五十家。

东京瓦斯公司所做的"洗澡文化"调查统计很有趣。据说,东京人泡汤频度很高,通常在就寝前沐浴,夏天时是朝(淋浴)、晚(泡汤)各一次;福冈人泡汤频度与东京人差不多,只是冬天习惯在就寝前洗澡,夏天则在晚饭后淋浴,而且泡汤时间比东京人短;札幌人每天沐浴的只有半数,冬天是两天一次,晚饭后居多,平均泡汤时间也最长。在这三个城市之中,大概是因札幌气候最冷,白天不易流汗,而且夏天泡汤之后也没有出汗与发热问题,所以调查结果显得比较突出吧。另外,公众澡堂与蒸气浴的利用频度,也是札幌人居多,相当于其他两市的两倍。

曾经有位网友问我说:"你们日本人不管泡温泉或是泡汤,都赤身裸体,怎么不怕别人看?"我回答说:"有什么好看的?大家身体构造都一样,顶多胸部有大有小而已,怕什么?而且又不是只有你给别人看,别人也是在给你看啊!"其实,这跟小时候的洗澡习惯可能有关。日本人一旦结婚生子,当妈妈的通常每天都会跟孩子一起洗澡,假日则由爸爸负责。所以日本人从小就看惯了妈妈或爸爸的裸体,长大成人之后,到澡堂或

▷ 闻名全球的日本长野县地狱谷温泉的日本猕猴,也称为雪猴,似乎也有"澡道"存在。母猴的地位有明显等级制度,可以泡温泉的母猴及其幼崽,地位处于最高等级。

▷ 等级不高的母猴及其子女,只能在冰冷的雪地上发抖。

温泉泡汤，便不会在意别人的裸体。至于孩子们什么时候才会拒绝跟爸爸妈妈一起洗澡，则各有各的。有些孩子在小学高年级时就会拒绝，有些是初中以后还习惯跟爸爸洗澡。对日本爸爸来说，女儿拒绝跟他一起洗澡那天开始，便是女儿长大了的证据，也是爸爸第一次"失去"女儿的时刻。

网友 B 在聊天时说："小时候洗澡时记得有个很大的铝盆，有个很大的壶，每次都要用煤油炉烧水。我还依稀记得我站在盆里，妈妈帮忙洗澡，然后给扑了一身痱子粉。"对，我在中国台湾时的记忆也是如此。不过，有一次，大概是煤油炉还是煤气炉坏了，我母亲带着孩子们到公众澡堂洗澡。那时，澡堂是隔间的，只有莲蓬头，没有浴缸。那是我唯一一次在台湾公众澡堂洗澡的记忆。

最后网友 C 俏皮问："日本有茶道、花道、黑道、北海道，难道也有澡道？"本来我是大笑回说："有你个头道啦！"可是前些天看到一则（二〇〇一年）新闻报道，说有位日本国籍的美国人，控告北海道小樽市某澡堂公司与市政府，主张公众澡堂与温泉设施"拒绝外国人沐浴"是一种"种族歧视"。当下我目瞪口呆。原来北海道的澡堂有这种规矩？日籍美国人与日本人妻子之间，有两个女儿，据说连混血儿的女儿也遭到这种不当的待遇。以前曾经听说，北海道的澡堂因为俄国船员不懂沐浴规矩，缺乏公德心，因此极不欢迎俄国人。没想到，本来只是"不欢迎俄国人"而已，现在竟演变成"不欢迎所有外国人"。看样子，日本除了有茶道、花道、黑道、北海道，恐怕还有不成文法的"澡道"存在吧。

第四节　招财猫

> 画家似乎很喜欢猫，日本浮世绘画家有许多著名的猫奴。这是月冈芳年画的《风俗三十二相》之一，标题是"烦哪"。富商女儿本来跪坐着，然后整个身子往前倾地逗弄爱猫，爱猫眼神似乎在说"你真的很烦哪"。

招财猫的传说可以追溯到四百多年前的江户时代，可是真正出现陶器招财猫，却是一百五十年前。起初是花柳界用来招呼客人的，明治时代时才普及到一般庶民之间。往昔，江户花柳界的艺妓，别名是"猫"，艺妓的必需品三味线，又是用猫皮制成的，所以艺妓跟"猫"，关系不浅。总之，招财猫的由来，一般有四种说法。

薄云的三色猫

江户时代的花柳街吉原游廓，有位名叫薄云的花魁。她非常喜爱猫，养了一只三色猫（玳瑁猫），取名为"玉"（Tama）。主人与猫形影不离，甚至连薄云上厕所时，猫也会跟在身后。不久，人们开始谣传猫会令人鬼迷心窍，说薄云肯定是中了猫魔。妓院院主深恐谣传会影响到薄云的人望，命薄云丢弃Tama。薄云当然不肯答应，照常爱猫如命。

妓院院主一筹莫展，只好趁某天猫又跟在薄云身后进入厕所时，拔刀斩去猫首。巧的是，猫首飞落进茅坑内，院主凑头一看，竟发现猫首咬住一条蛇首。这才知道，原来Tama是为了守护主人，才会跟进厕所的。薄云不胜悲痛，便将Tama的尸骸送到寺院，并立了一座猫冢祭祀。

之后，有位游客同情薄云的哀伤，特地从长崎订购了沉香木，刻成招财猫的模样，送给薄云。薄云大喜，爱不释手。风声传遍整个江户，薄云反而益加有名了。薄云过世后，她的木雕招财猫同样被送到祭祀Tama的寺院内，与真正的Tama相伴。不过，日后寺院发生火灾，也就失去证据了。据说，薄云生前，有人同样用沉香木雕刻了招财猫，在浅草兜售。

今户烧招财猫

今户烧是十五世纪中旬,于东京台东区今户地区起源的素陶瓷器名称。一八五二年,浅草有位养了一只老猫的老太婆,因为老伴过世,经济拮据,只好投靠亲戚家。老太婆洒泪与老猫诀别后,当天夜晚做了一个梦。梦中,老猫告诉主人说,如果制作一座它的塑像,必定会福德自来。老太婆听从老猫的托梦,将猫塑像供奉在神龛上,朝晚合掌叩拜。之后,果然如老猫所说,喜报接二连三,老太婆也不用再寄人篱下了。

▷ 图为一八五二年出版的《净琉璃町繁花之图》部分扩大图,摊贩卖的招财猫,举的是右手,身上有斑点,正是浅草的今户烧招财猫。

回到旧居后，老太婆因猫塑像而致富的传言，马上遍及左邻右舍，每天都有人来向她借猫塑像。于是老太婆便托窑户制作陶器招财猫，出借给来访的人。后来干脆在浅草开了一家专门出售今户烧招财猫的商店，生意兴隆。老太婆制作的招财猫，据说为了与薄云的沉香木招财猫对抗，故意将猫洗脸的手改为右手。薄云的沉香木招财猫，举的是左手。这传说不知是真是假，不过，今户烧招财猫曾经在浅草一带炙手可热的事，却是千真万确的。

东京台东区今户的"今户神社"，拜殿前就有两只巨大的招财猫，御祭神是日本神话中建国之祖的伊奘诺尊与配偶女神伊奘冉尊。院内有卖两只招财猫联结在一起的"结缘猫"，有斑块的代表男神，纯白的代表女神，是良缘护符。这两只猫举的是右手。通常，举右手是表示招徕财富，举左手是表示招徕客人。可是，左右手的说法好像因地而异。

招财猫本来是白色的，生产者广泛遍布于全国各地之后，才出现各种颜色的招财猫。一般说来，最具代表性的是三色猫，意味着走运招福；黑猫，能避邪消灾；黄猫，是祈祷能结得良缘；红猫，则是无病息灾。

我家有一只黄白斑猫，一只黑白相间与一只黑黄相间的虎斑猫，总计三只。而且，不是我爱自夸，它们不但都会举右手，也会举左手；打架时，更会左右手同时举起来。可是，当了它们养母都有一年又八个月了，不要说是良缘了，金银财宝都没门呢。买那种五罐三百日元的罐头给它们吃，它们只是闻一闻，摇摇屁股就走开了。非得那种一罐一百多日元的不可。所以，最近，我开始有点怀疑猫能招财的凭信了。

▷ 东京台东区的今户神社。

金猫银猫

江户时代中期,隅田川那一带的两国(墨田区),有一家妓院,店门搁置着一只银漆猫,生意非常兴隆。日后,有人仿效银猫妓院,毗邻开了一家金猫妓院,店门搁置着一只金漆猫,而且游乐费是银猫妓院的倍数,却一样门庭若市。

银猫妓院院主,仗着财源滚滚的后盾,朝夕流连在赌场中,最后竟然将家财输得一干二净。于是命令自己的老婆阿纲,以色相诓骗常客之一的八兵卫。八兵卫是某家旧衣铺的掌柜。那个时代,吴服店(和服店)的主要顾客是贵族、武士家,一般庶民通常都是利用旧衣铺的二手货,所以掌管旧衣铺钱财出入

▷ 今户神社拜殿前的巨大招财猫。

的掌柜，荷包相当宽裕。

阿纲听从丈夫的话，不但让八兵卫成了爱情的俘虏，也令八兵卫有求必应。没想到阿纲竟日久生情，真心爱上了八兵卫。可是这段不伦之恋，即使是丈夫默认的，也无法终成眷属。结果，两人决意殉情。双双在银猫妓院内一房，各自留下一封遗书，八兵卫用小刀刺穿喉头，阿纲则用剃刀割断颈子自尽。事件发生在一七八三年。当时八兵卫才二十七岁，阿纲三十五岁。

这一殉情事件当然轰动了整个江户，不但被搬上舞台，还被写成净琉璃剧本（日本传统音乐中的一种道白剧，江户时代时演变为偶人净琉璃剧），非常卖座。不过，银猫妓院院主也因为这桩殉情事件，不得不关门大吉，可以说是自食其果。另一方的金猫妓院，理所当然生意也就更加兴旺了。据说，妓院摆饰招财猫的源头，正是这桩殉情事件。

豪德寺的招财猫

东京世田谷的豪德寺是全国闻名的招财猫寺院，境内遍地都是参拜者供奉的招财猫，总数到底有多少，恐怕数不胜数。豪德寺是座久负盛名的寺院，但是在江户时代初期，却没落得门可罗雀。当时的住持，养了一只猫，视同骨肉。某天，住持无精打采地对猫说："如果你知道寺内很贫困的话，能不能招徕点什么好运给我呢？"

过了几天，彦根（现滋贺县东部，面临琵琶湖的市镇）城主井伊直孝与众家臣，于鹰猎归途路过豪德寺门口，看到一只猫举着手在招呼他们，便下马入寺休息。刚接过住持款待的茶

▷ 豪德寺本堂。

水，外面突然风雨交加、雷鸣电闪起来。住持怕大家闲得无聊，顺势滔滔说法传道。雨停后，井伊直孝欢天喜地，向住持说："猫招引我们进来，让我们免于雷雨的灾难，又蒙受住持的款待与一席说法，这大概也是一种因缘吧。"事后，豪德寺就在井伊家的庇护之下，再度香火昌盛起来。

住持养的猫，名字是"玉"，也是 Tama。Tama 死后，住持为爱猫盖了一座坟墓，并托人雕塑了猫塑像，称之"招福猫儿"。发音是 Manegi Neko，现代发音是 Maneki Neko。之后，豪德寺便以"生意兴隆、家内平安"的寺庙闻名，现在俗称"猫寺"。

▶ 日本最有名的猫寺院是东京世田谷区的豪德寺。"招猫殿"一旁供奉的"招福猫儿"非常壮观。招福猫举的是右手，手中没有拿小金币，白色小猫。

猫咪与金币的传说

在台湾地区的网络上曾流传一篇名为《招财猫的由来》的文章。说是有只名叫"小玉"的猫咬金币报恩。其实，我有点怀疑那个故事是作者参考日本民间传说，自己创作的。虽然已经无法考证谁是真正的作者，不过，就我所知，日本没有那样的民间传说。首先是故事中的"越后屋"，文中说明是"世代都以染布为业"，事实上，"越后屋"正是现代的三越百货公司集团的前身，在江户时代是吴服店。日本有不少猫咪报恩的民间传说，但是猫咪与金币的故事，却只有一个。

话说江户有家货币兑换店，店主人养了一只叫"玉"的猫。可是，这只 Tama 与出入主人家的鱼贩，关系特别亲密。年轻的鱼贩每天到主人家厨房后门兜售鲜鱼时，担架才一搁下，Tama 便会迫不及待地奔过去迎接鱼贩，鱼贩也总是会丢一尾鲜鱼给 Tama。某天，鱼贩患上重病，因为是单身汉，又因为江户仔有"身不怀隔夜钱"的旧风，简单说来，就是今朝有酒今朝醉的江户气质，所以不要说是医药费了，躺了几天，便连三餐也都无以为继了。当鱼贩把所有值钱的什物家具都送进当铺之后，某天清晨醒来，他发现枕边搁着一个纸包。鱼贩打开一看，里头是两枚一两金币。鱼贩赶忙托人买药，买有营养的食物。两个月后，鱼贩痊愈了，却没有资金重振旗鼓，思量再三之后，打算找货币兑换店主人商量一下。当他再度来到老主顾厨房后门时，竟然不见 Tama 出来相迎。打听之下，才知道 Tama 曾经二度衔着金币想溜出门，二度都被主人发现追回来。又因为店内曾失窃了二两金币，造成雇工们彼此疑神疑鬼、鸡犬不宁的后果，因此主人只好忍痛处死了 Tama。事情讲开之后，店主人与鱼贩才恍然大悟，原来 Tama 二度衔着金币溜出门的目的，是想为鱼贩筹备资金。日后鱼贩功成名就时，为了纪念 Tama，于一八一六年三月十一日在东京回向院建立了猫冢。

这段故事只是一个民间传说，我不知道是否是事实，不过回向院真的有一座猫冢。前些天又看到一篇《忠狗一〇一，大麦町斑点狗的由来》，内容和《招财猫的由来》非常类似。我个人觉得，其实作者可以以"动物童话"的形式发表，不用冠上"某某的由来"之类的名称。毕竟，文章内容确实很感人，何必张冠李戴？

读到这里，或许有人会百思不解："怎么猫咪的名字都叫Tama？"这个就跟三四十年前，日本所有家中养土狗的人家，大半以上都给狗狗取名叫"Pochi"一样的道理啦。

我家三只猫咪，大黄黄叫Eru，大黑黑叫Runa，一九九九年盛夏时闯进我家院子的小猫咪叫Hiro，中文名字是"小流氓"。它们不会为主人衔金币来，也不会在主人家玄关门口引诱财神爷进来，倒是会在主人坐到电脑前的椅子上时，乖巧地蹲坐在椅子下向主人眉来眼去。意思是叫主人把双脚盘坐到椅子上，好让它们一左一右趴在主人腿上睡大觉。

喜欢抢位子的，通常是同属"黑道"（黑毛）的大黑黑与小流氓。"小流氓"五公斤，大黑黑三四公斤，这种"爱戴"方式，老实说，真会让我这个不到五十公斤重的主人有点吃不消。而平日孤高傲世的大黄黄，则会跳到电脑前，挡住屏幕，一副"我思，故我在"的学者神情。天啊！不甘与"市井之徒"为伍，衔来什么金币啊、招徕什么财神爷啊的不打紧，还要阻挡主人的财源！

我想，我得认真考虑一下了。没错，我正是要考虑，要不要把它们的名字改为"大黄Tama"、"大黑Tama"、"流氓Tama"了。（二〇一七年附记：大黄黄、大黑黑、"小流氓"均已过世了，目前我家有七只宝贝猫。）

第五节　四季色彩·岁时物语

➤ "雏祭"祭坛上的雏人形。

➤ "雏祭"祭坛,越多层越豪华,价值也不菲,寻常老百姓只能装饰迷你型雏人形。

女儿节

在家中，我算是"万绿丛中一点红"的身份。平常，也不会感到膝下没有女儿会有什么不方便的地方。不过，每年到了"女儿节"这个时期，我还是会见景伤情，时时怀着一丝"要是有个女儿该多好"的淡淡遗憾，跨出超市门口。这个时期，每家超市、百货公司，都会摆饰出女儿节当天祭祀的甜点糕饼。我家因为没有女儿，所以我每次都只能傻傻地立在柜台前望梅止渴，频频咽下口水。

其实也不是想吃那甜点糕饼，我向来是不喜欢吃甜点的。遗憾的情怀，是不能在女儿节那天过节的……那种被摒斥在墙外的寂寥。家中没有女儿就不能过女儿节吗？是的。那是当母亲的每年给未婚女儿办仪式的节日。主角是未婚女儿，主办者是女儿的母亲，是女生一年中最重要的节日。

三月三日女儿节，本来只是千年前的平安时代的宫廷贵族女子之间，互相在纸人偶身上换穿衣裳的游戏，与现代小女孩办的家家酒游戏类似。流传到十四至十六世纪的室町时代时，才逐渐统一在三月三日过节。直至十七世纪的江户时代，这个节日才在庶民之间盛行起来；也是在江户时代，开始装饰起雏人偶。

女儿节的正式名称是"雏祭"，又因为是桃花盛开季节，所以也称为"桃花节"。这天，如果家中有未满周岁的女儿，当母亲的就得准备"散寿司饭"（寿司饭上添加许多鱼介、蛋丝等）与蛤蜊汤，招待前来庆贺节日的亲朋好友。"散寿司饭"因为看上去鲜艳华丽，很适合做女儿节的主菜；蛤蜊汤是因为蛤蜊的贝壳只能是唯一的一对，所以象征女孩子的贞操。其实，说穿

> 一八三四年刊行的《江户名所图绘》第一卷中的《十轩店雏市》插图，图中有许多江户妈妈带着女儿来挑选雏人偶，长谷川雪旦画。"十轩店"是地名，起初有十家人偶商店排在一起，随着四季节日举行各种不同人偶和儿童玩具的集市，江户时代后期最多增至四十一家。

了也只是这个时期恰好是蛤蜊盛产期，可以吃到新鲜的鱼介类而已。

　　由于是女儿当家做主的节日，雏人偶通常也是娘家外公外婆赠送的。现代家庭通常都是外公外婆事先准备好红包，让年轻夫妇去选购自己中意的雏人偶，其他伯叔姑姨则是当天送红包来。雏坛上的雏人偶，大约摆饰一个月后，才小心翼翼地收存起来，等第二年再拿出来重新摆饰。至于返礼，以前是红豆饭与红、白四方糖，现在已经不再计较非红豆饭不可了，一盒馅饼附上娃娃照片就行。

　　往昔，每逢邻家妈妈忙着筹措女儿节的一切琐事时，我总是暗自庆幸，还好家中没有女儿。两个儿子上小学以后，我的庆幸，逐渐变化成阿Q论调："哼！你们家有女儿节，我们家有男儿节。女儿节只不过是在家中摆饰娃娃而已嘛，咱们男儿节

> 江户时代的"雏祭"照样少不了桃花。《子宝五节游·雏游》,鸟居清长画,一八〇一年。

是在院子高高挂起鲤鱼旗帜，鲤鱼腾空飘荡，多风光！"然后，随着年纪渐长，我想过女儿节的心愿，竟日渐恳切起来。

想想嘛，女儿节前两周开始，上自娘家外婆，下至自己的女儿，都是这个节日的主角。男孩子一上初中，便不会为了院子中有五只鲤鱼旗帜腾空飞扬而欢呼；女孩子可就不同了，每年摆饰的雏人偶会逐年增加，婚后还可以继续为女儿过节，当了外婆以后也可以为外孙女筹备雏人偶。有些名门世家，每年摆饰的雏坛都很壮观，更因为代代相传，雏人偶甚至可以积存至几十、几百具，房间不大的话，还不够地方摆饰呢。

祖先是诸侯大名的世家，雏人偶都有数百年的历史，可列为国家指定的特别文物。而且雏坛上不只有皇子与太后，第二阶以下还有女官、负责奏乐的五雏童、侍从、听差等，家具日用品也不能少。一桥家（将军一门的御三卿之一，另外两家是田安家与清水家）祖传的雏坛，甚至还有殿下上京时的旅途用具。

我从未庆贺过女儿节。身为女儿身份时，我母亲不懂日本的传统节日；自己当了母亲之后，又因为膝下没有女儿，只有咬着手指干瞪眼的份儿。每年的女儿节，我也只是按惯例买了桃花回来装饰在壁龛而已。壁龛摆饰有挂轴、等身大铠甲大将、古玩、桃花树枝，却没有雏人偶。我是女生，在女儿节这天，家中没有雏人偶，总觉得好像缺少了那么一点说不上来的气氛。

所以，最近有个打算，想等儿子们独立之后，每年都搜集一具雏人偶，独自过我的女儿节。我是人家的外孙女，也是人家的女儿，更是人家的母亲，我，当然有权利过女儿节。

▷《子宝五节游·七夕》，鸟居清长画，约一七九四年至一七九五年。江户儿童忙着在七夕竹击许愿诗笺，右边坐在书桌前写诗笺的女子是私塾老师。

七夕

七月七日是七夕节,日语念成 Tanabata。

Tana 的语源是"棚",Hata 的语源是"机",二者连起来念时,Hata 要加浊音变成 Bata,是织女之意。牛郎织女的悲恋传说,据说源起于中国太白山汉水。遣唐使于七世纪带回日本后,当时的文化人士皆迷恋上这个罗曼史传说。

收录了四世纪至八世纪之间的四千五百余首和歌的《万叶集》里,有许多吟咏牛郎织女的和歌;平安时代的《古今和歌集》里,更有不少歌颂牛郎织女的诗词。

▶《七夕之图》,杨洲周延画,一八八五年。左边有许多七夕竹,系着花花绿绿的许愿诗笺。

> 织女今宵会，相逢事不常，
> 明朝离别后，相隔一年长。
> 桨击银河水，闻声恋意浓，
> 牛郎同织女，今夕喜相逢。

牛郎织女的传说之所以会在日本扎根并衍生为每年定例节日，在于日本古来就有许多关于织女的传说，此外，盂兰盆会的祭神仪式也和织女有关。最有名的传说是"夕鹤"：话说有个庄稼汉，某天偶然救了一只受伤的白鹤，日后白鹤化身为人间女子下嫁给庄稼汉，并每夜躲在房里织布，替丈夫赚了不少钱。可是丈夫不守夫妻间的诺言，偷偷瞧见妻子织布时的白鹤真面目，造成妻子离他远去的结果。实际的祭神仪式则是每逢农历七月的盂兰盆会时，为了迎接神明下凡，必须在远离村落的河边或海边，搭建一栋小屋，让一位未婚处女闭居几天，终日坐在纺织机前嘎嗒嘎嗒地织布。日本的织女，指的正是这位迎接神明的处女。

天上的牛郎织女之间隔有一道银河，地上的人与织女神明之间也隔有一道河川，因此，中国的传说与日本的祭神仪式一拍即合，衍生为定例节日，流传至现代。

平安时代的七夕节，当天得沐浴七次、用餐七次。再向天星供奉七种食物：桃、梨、茄子、瓜、大豆、干鲍、干鲷，并在楸叶上扎下各七根的金银线针。

十四世纪以后的室町时代，是在七片楮叶上写下七首和歌，余兴节目是七游：竞赛和歌、扔绣球、下棋、玩花骨牌、贝合（将三百六十个形状优美的蛤蜊贝分成两半，铺在席上，再去找成对的贝壳）、射箭、闻香。

　　十七世纪以后的江户时代，初期是在供奉台上摆置七个砚台（祈求孩子学业有成），再将瓜或鲍切成七片，分别放在七个盘子里，最后点上七个灯笼。末期演变为在竹叶枝上悬挂写上该年心愿的诗笺，直至今日。

　　往昔，过旧历七夕节的地方，因为正逢孩子放暑假，而且是全国住在异地的人归乡扫墓时期，七夕节通常也是一家团圆的日子。当天，祖父母忙着捻纸捻，爸爸赶早到山上砍竹叶，妈妈悠哉游哉地在桌前磨墨，然后一家老少大小用毛笔写下今年的心愿，悬挂在竹叶枝上，装饰在房内一隅。

　　二十世纪末至今日，月历上的七夕节是新历，正逢梅雨期。孩子要上学，父母要上班，七夕节就只好在学校过。这天，幼儿园生、小学生们，放学时会各自在肩上扛着一把悬挂着一大堆花花绿绿折纸的竹叶枝回家。折纸上写有孩子们的小小心愿。初中生则在学校准备的竹叶枝上，挂上自己的心愿。高中生呢？据说已经不玩这种幼稚的游戏了。

　　家中没有小朋友只有小动物的我，当然也没有准备竹叶枝，只在晚上抱着喵喵到阳台，仰望着星空许下一个心愿：希望今年家中不管是二脚的或是四脚的，都能无疾无病平安过一年。

七五三节

　　十一月十五日是日本的"七五三节"，这天，三岁男女儿、五岁男儿、七岁女儿，都会穿上传统和式礼服，跟着父母到神社拜拜，祈求身体健康、发育顺利。回家的时候，多半还会顺道绕到照相馆，拍一套全家福纪念照。

这个节日，起源于千年前的平安时代，到了江户时代，更普及于庶民之间。江户时代的大名，最伤脑筋的是后裔问题，如果没有后裔，便会被幕府废名或灭门。只是，不知为何，一般大名家的第一夫人即使有幸受孕，也罕得产下男婴，就算是顺利得嗣，通常也是虚弱多病，夭折例子很多。更糟糕的是，侧室经常也难逃这种厄运。所以，家臣们总是为了寻求门当户对的养子而奔波劳碌。

民间也一样。江户时代有句谚语："孩子不到七岁，是神佛的子弟。"意思是说，孩子未满七岁之前，父母只是暂时代替神佛照顾孩子而已。所以，未满七岁的孩子若遭遇不幸，父母通常也不办理正式殡葬；另一方面，若是犯了罪，不但不必接受制裁，父母的罪也不会连累到孩子。

这是因为当时的社会，尤其是都市地区人口骤增，致使环境恶化，霍乱、流行性感冒蔓延猖獗，也没有现代医疗设备可以预防，外加时常遭逢天灾、饥馑，所以才会萌生上述的观念。江户时代的人口始终维持在一定数字上，增加缓慢，除了社会集体晚婚以外，幼儿早夭也是主要原因之一。正因为如此，孩子落地后，第七天有"七夜日"，满月时有"拜神社日"等习俗，都是祈求孩子能够顺利成长的惯例。这些惯例，一直沿袭到今日。

为了后裔，大名家和庶民都如此煞费苦心了，将军家当然也不例外。德川家到了第三代家光将军时，后裔们的气派与风度都已经失去战国时代的粗犷与坚韧，家光又有同性恋的癖好，使得家光乳母春日局心力交瘁，忧心不已。家光到三十八岁时才幸得长子（第四代将军），四十一岁时，侧室产下三子（次子夭折）；长子生来孱弱多病，家光只好将希望寄托在三子身上。

▷《东锦绘·七五三祝之图》，第四代歌川丰国画。最左边那个孩子身穿正式礼服，最右边那个仆人手中握着"千岁饴"。

> 七五三节不是固定节日,而是男儿三岁、五岁,女儿三岁、七岁的周岁仪式。孩子穿传统和服或西式礼服,一家人到神社参拜祈求孩子健康。相片中的女孩手中也握着"千岁饴"。

三子虚岁五岁时,家光便迫不及待地选了个吉日,为三子设宴庆贺,祈求他顺利长大成人。这个吉日,正是十一月十五日。"七五三节"也就如此传开到大名与庶民之间。

江户时代的川柳(五、七、五字的诙谐、讽刺短诗),有这么一句:

> 十一月十五
> 争妍斗艳在江户
> 骑脖子娃儿

还有一句,也很有意思:

> 打肿脸充胖
> 腰带与裤裙礼服
> 总计十二两

由这两句看来,可以想象得出,三四百年前江户时代的父母,与二十一世纪的现代父母毫无两样,都得在同一天忍痛挥霍大钞,把孩子们打扮得漂漂亮亮,再沾沾自喜地带孩子们到神社合掌叩拜。唯一不同的是,江户时代的父亲在参拜神社之后,会让孩子骑在脖子上,到街上闲荡,彼此较量一番;现代父母则牵着孩子跨进照相馆,拍下一生一度的纪念照。

我家两个儿子,正好相差两岁,所以在他们各自满三岁与五岁时,给他们同时祝贺了"七五三节"。我记得当时我和前夫两人满面春风、得意扬扬地牵着他们的小手,在街上招摇过市,可是事隔十几甚至几十年后,他们每次看到当时的纪念照时,总是会损我们两句:"一定是你们舍不得花钱买礼服,才把我们装扮成这个模样吧!"

儿子啊,你们听老妈解释一下,凭良心说,当时绝对不是因为舍不得花钱,而是凑巧有人从台湾寄来这两套衣服,才……这个……那个……的嘛。不过,老实说,那天不管是在神社,或是在大街小巷,你们确实是出尽了风头,走到哪里都有人回头观看。嗯,这点老妈可以用力大拍胸脯向你们保证。老妈还记得,那天有一名开着奔驰轿车的黑道大哥,特地下车

▶ 作者的一对宝贝儿子,刚好在三岁、五岁那年,有人从台湾寄来两套中国服,所以过了一个非常"中国"的七五三节。拍照时手中必有"千岁饴",是染成红白两色的棒棒糖,纸袋印有象征长寿的龟鹤、松竹梅等吉祥图。

拦住我们问："这种服装要去哪里买？横滨吗？"

十五夜

李白在《月下独酌》吟曰："花间一壶酒，独酌无相亲；举杯邀明月，对影成三人。月既不解饮，影徒随我身；暂伴月将影，行乐须即春。我歌月徘徊，我舞影零乱；醒时同交欢，醉时各分散；永结无情游，相期邈云汉。"

松尾芭蕉也在《月下漫步》咏曰："中秋明月下／信步绕着池塘转／夜色渐白矣。"小林一茶更是摇头苦笑："中秋明月啊／摘下摘下给我玩／孩子哭闹乎。"也是江户三大俳人之一的与谢芜村，则在长野县诹访湖湖畔幻想："中秋明月下／兔子横渡诹访湖／一只又一只。"

阴历八月十五日的中秋节，本来是中国的节日，大概在八世纪的奈良时代以后，才流传到日本。在这之前，日本固有的"赏月节"，是阴历九月十三日的"十三夜"，中国的中秋节则称为"十五夜"。

日本平安时代，每逢十五夜，宫廷贵族们会举行"观月宴"或"月之宴"，赏月、喝酒、朗诵即兴和歌。这种活动扎根后，又逐渐演变为"拜月"仪式，在面对庭院的回廊上、可以淋浴月光的纸窗前，供奉芒草、芋头、番薯、糯米丸子、毛豆、茄子、酒。芒草与毛豆、芋头、番薯、茄子等，都是代表秋季的野生植物与农作物，随手可得，因此，这个仪式便一直流传至今。

其实，在宫廷贵族开始举办"拜月"仪式之前，日本农民早就有类似的祭典了，只是名称不一样而已。农民举办的是"秋收祭"，供奉的当然也是芋头之类的农作物。只是，贵族附

▷ 十五夜中秋节在隅田川浮舟赏月的情景。《东都岁事记》里的插图《良月墨水看月》。

庸风雅吟风弄月，庶民们可就不理那一套。村民们通常聚集在广场，敲锣打鼓、载歌载舞、要醉大家一起醉。现代日本人每逢赏月时期，依然会邀三约四，来个"月见酒"宴会。说实在的，日本真是个"酒鬼天国"，春天有"花见酒"；秋天有"月见酒"；冬天有"雪见酒"；至于夏天，花样更多。总之，一年四季都有喝酒的借口。而且，大家对醉酒的人通常都很宽容。

往昔，十五夜也是"小偷夜"；当天晚上，任何人都可以到别人家的田地偷农作物。不过，有个公认的默契，那便是：只准跨进一只脚，在一只脚范围内，可以任你偷采各种农作物，这正是"片足御免"习俗。此习俗流传到今日，便演变为孩子们之间的传统游戏。这一晚，孩子们可以结伴到附近人家的院子偷供奉品,"遭殃"的人家,会看成是月神下凡来赏光,表示福星来访。待孩子们走了之后,马上端出另一盆供奉品,以便招徕下一批"月神"。冲绳县某些离岛的十五夜习俗,则跟中国的春节舞狮类似;孩子们用纸箱子或麻袋做成狮子形状,披在身上,再挨家挨户去讨取零用钱,实在很有趣。不过,这种风俗习惯,在都市区已经很少见。

和平的江户时代,可以说是庶民狂欢的时代。目前许多现代日本的民俗习惯,都是在江户时代开花结果,再扎根下来流传至今的。江户仔的赏月日期有三:阴历七月二十六日的"二十六夜待"、"十五夜"、"十三夜"。阴历七月二十六日,相当于阳历八月下旬,气候还很炎热,大概是期盼秋天赶快来临,便来个"大观月祭"吧。由于这个时期的赏月时间,通常是深夜,于是江户仔只能"随手啃毛豆／笨手笨脚下围棋／耐等二六夜"(江户川柳)。

"大观月祭"比十五夜还要疯狂。江户湾海边聚集了众多路边摊、街头艺人,甚至连抬轿子的轿夫都会出来赚钱。狂欢整夜,直至天亮。这个祭典,一直流传到十九世纪末的明治三十年代,才逐渐演变成其他各式各样的"夏祭"。

有关月亮的民间故事,中国有"嫦娥奔月",日本则有《竹取物语》。《竹取物语》是日本最古老的传奇小说。如果说,《源氏物语》是全世界最古老的长篇小说,我想,《竹取物语》应该是全世界最古老的短篇传奇小说。《源氏物语》是十一世纪初完成的,《竹取物语》却是九世纪末至十世纪五十年代前的作品,二者之间相隔一个世纪以上。不过,实际上最古老的传奇小说,是二世纪罗马帝国时代的希腊语讽刺作家琉善所写的月球旅游

▷ 老夫妇养育"辉夜姬"的情景。图为《竹取物语》绘卷,约在一六四六年刊行。

故事《真实的故事》。

《竹取物语》的故事内容大致如下:相传很久很久以前,有一个砍柴老翁,在竹林中发现了一株发光的竹子。剖开一看,里头竟然出现一个女婴。膝下没有孩子的老翁,便将女婴抱回家养育。短短三个月,女婴就成长为十三四岁的姑娘,老夫妻俩为女孩取名为"辉夜姬"(Kaguyahime)。

辉夜姬天生丽质、蛾眉皓齿,吸引了不少来求婚的男子。其中有五位当代风流皇族、贵族公子,最为热情。朝也来,暝也来;恋文、恋歌、站卫兵,求爱手段使尽了,依然无法得到辉夜姬的芳心。老翁束手无策,只好恳求辉夜姬选择一个女婿。于是,某夜,五位公子聚集到老翁家,辉夜姬分别出了五个难题,并声言,如果谁能够解决问题,她便答应下嫁给谁。

五个难题分别是:"释迦牟尼使用过的佛钵"、"东海蓬莱山的玉木"、"中国火鼠皮衣"、"龙首五色玉"、"燕窝贝壳"。五位公子想尽办法各显神通,终究还是无法寻得珍宝。我个人认为,原著中，五位公子的寻宝过程最有看头。日本平安时代的贵族男女交谊，都是用和歌互表心意。换句话说，和歌是现代的情书。原著中，辉夜姬同各个公子的会话，理所当然也是和歌，读起来能令人陷入古色古香的氛围中。

话说回来，当时的天皇，听闻辉夜姬的消息，也蠢蠢欲动起来。可是，辉夜姬却无动于衷，拒绝道："我不是这个世界的人，总有一天，必将归国，因此即便是皇上命令，我也无法进宫。"天皇碰了一鼻子灰，最后也只得作罢，退一步，改为与辉夜姬互通恋文。彼此信件一来一往，私相授受了三年之久。

这一年，自初春开始，辉夜姬便时常仰望着月亮唉声叹气，有时候甚至会号啕大哭。老夫妇看在眼里，既怜惜又惊慌，三番两次询问之下，辉夜姬才悲泣着娓娓道出："我不是这个世界的人，我的故乡是月宫，亲生父母也在月宫。前世约好只是下凡片刻，没想到在这个世界竟然待了这么久，我连亲生父母的脸孔都忘了。这个月（阴历八月）十五日，月宫会派人来接我回去，可是我舍不得你们，舍不得离开这儿啊。无奈，这都是前世订下的约定，我无法改变哪……"

老翁老妪听后，涕泗滂沱，痛不欲生。天皇辗转听到这个消息，也暗伤不已。

十五日终于来临了。天皇接受了老翁的请求，派出两千士兵，其中一千，密不通风地团团围住老翁家四周，另一千则守在屋顶上。老妪搂着辉夜姬，战战兢兢地躲在土墙仓房内。

深夜十二点整，一道强烈光线照射下来。老翁家前，出现了乘坐着云朵的一百个"天人"，飘浮在离地面约一百五十厘米的高处。天人之一，捧着一个霓裳羽衣的盒子；另一天人，则献出长生不老药。吃了长生不老药,再穿上霓裳羽衣,辉夜姬便会忘却尘界的一切记忆。

辉夜姬在穿上霓裳羽衣之前,写了一封信给天皇,又留下一首和歌与些许长生不老药,表达她对天皇依依不舍的心情。披上霓裳羽衣后的辉夜姬,真的忘却了至今为止的一切记忆,随着天人们往月宫飞去了。

天皇看过信,吟诵了一首和歌,表示他的哀伤:"佳人不复返,徒留吾等断肠人,怆然而涕下,长生不老焉何用?欲罢欲忘还叹气。"吟毕,天皇命令侍从将长生不老药与辉夜姬留下的信,拿到"离月宫最近的山顶"焚烧掉。日后,又将这座"离月宫最近的山"取名为"富士山"。

紫式部的《源氏物语》中,有一段文章提到《竹取物语》,并称之为"物语之祖"。由此可见,十一世纪初的日本宫廷贵族之间,包括女性,都熟知这部传奇小说的内容。

日本民俗学者伊藤清司,曾于一九七三年著书表示:《竹取物语》的典故是取材自中国藏族的民间故事《斑竹姑娘》。不过,《斑竹姑娘》的内容是作者于一九五四年在该地搜集来的,一九六一年在上海出版上市。二者的时空距离相差千年以上,有关这点,伊藤先生的学说内,没有任何能令人信服的说明。因此,日本学者们目前仍在探究中。

其实,典故出自何处都不是问题,反正,《竹取物语》是日本最古老的小说,这是斩钉截铁的事实,何必去探讨原始?总之,对我这种相信月亮是UFO基地的人来说,《竹取物语》正是最具有说服力的旁证之一。

过去有一段日子,我每天向月亮祷告:"月神啊月神,拜

> 十五日，天皇派出的士兵团团围住老翁家。图为《竹取物语》绘卷。

> 深夜十二点整，天人来迎接，"辉夜姬"最终还是升天了。图为《竹取物语》绘卷。

托您给我看一次 UFO，一次就行，一次就行了。"可惜，大概是月神没有听到我的祷告，也大概是我每年在十五夜都只插几支芒草意思意思而已，因此，直至今日，我依然无法看到 UFO。

第五章 怪谈人间

第一节 雪女

武藏国（东京都、埼玉县）某村落，住着一老一少两个樵夫，老樵夫名茂作，年轻樵夫阿吉年方十八。两人每天到距离村落三里外的森林砍柴。前往森林途中有条大河，必须利用小舟渡河。至今为止村人曾好几次在河上搭过木桥，只是每逢台风或暴雨，河水便会上涨，木桥总是不堪一击。

某个冬夜，茂作和阿吉回家时，不巧碰上了暴风雪。两人好不容易才东倒西歪地抵达渡口，却不见船夫的人影，小舟也系在对岸。天气非常冷，加上暴风雪，根本无法游泳渡河，两人只能躲进船夫在岸边的茅屋里。茅屋虽简陋，至少可以避风雪。

茅屋内只铺了两张榻榻米，除了入口处有一扇门，屋内没有窗户也没有炭盆，更没有可以生火的地炉。茂作和阿吉关紧门扉，盖着蓑衣躺下。两人起初没感觉冷，也认为暴风雪不会持续太久。

过一会儿，老樵夫睡着了，阿吉却因屋外的风雪声而辗转反侧无法入睡。河川轰隆作响，风雪呼呼地吹，茅屋像一艘浮在大海中的小舟，摇来晃去，咯吱咯喳。空气愈来愈冷，阿吉裹着蓑衣冻得发抖，不知不觉也打起盹儿来。迷迷糊糊中，阿吉感觉脸上冰冷。他猛然醒来，发现入口处的门已打开，风雪不断吹进来，而且屋内有个全身穿着白衣的女子。

女子在茂作枕边蹲下，对着茂作的脸庞吹气。那气息，像一阵白烟。

不久,女子又转头望向阿吉,移到阿吉枕边。阿吉吓得张大嘴,却发不出任何声音。那女子美得犹如仙女下凡。她蹲在阿吉枕边凝望了阿吉一会儿,嫣然一笑,悄声说:"你名叫阿吉吧?不用怕,我本来打算让你跟那老樵夫一样,不过,你还年轻,这样做太可怜。我不会对你做什么,但你要记得,你绝对不能向任何人说出你今晚看到的事。即便是对你母亲,也不能说。你一说,我会马上知道,到时候你就会没命,明白了吗?千万要记得我说的话。"

女子说完,起身走出门外。女子消失后,阿吉立即跳起来跑到门外观看,门外的世界白茫茫一片,寻不着那女子。阿吉赶忙关上门,用好几根棍子堵住了门。"难道我在做梦?大概风雪吹开了门,我把雪片看成白衣女子吧。"

阿吉回到老樵夫枕边,唤了几声,但老樵夫没有回应。屋内漆黑一团,看不见老樵夫的脸,阿吉伸手摸索,摸到了老樵夫那犹如冰块的脸。原来老樵夫茂作已经冻死了。

第二天清晨,天气转好,船夫来到小屋,发现茂作已断气,阿吉则在一旁不省人事。船夫带阿吉回到村落,经过一番抢救,阿吉总算醒来了。只是,或许因为冻了一晚,阿吉病了好几天才恢复健康。之后,他开始单独一人到森林里砍柴,以卖柴为生。

翌年冬天,某天傍晚,在阿吉回家的途中,有个姑娘从背后赶来问路。那姑娘身高很高,肤色非常白皙,身材也很苗条,长得很美。两人并肩一起往前走,边走边聊。那姑娘自称是阿雪,因最近双亲过世,她打算前往江户投靠亲戚,虽然那亲戚也是穷人，不过应该可以帮她找到工作。

阿吉对这姑娘一见钟情，愈看愈觉得她长得很美。阿吉问她有没有互许终身的人，姑娘笑着回说没有。这回换姑娘反问，阿吉回说，家中只有一位老母，而且自己还年轻，从未想过终身大事。

聊着聊着，两人抵达村落，阿吉向姑娘说："阿雪姑娘，天已黑了，如果你不嫌弃，今晚住我家吧，明天再动身比较安全。"

阿雪有点害羞，但仍跟在阿吉身后走。阿吉的母亲看儿子带回个漂亮姑娘，高兴得忙东忙西，准备了一顿丰盛的晚餐。老母亲看阿雪言谈举止都很文雅，劝阿雪多住几天，这一住，竟让阿雪成了阿吉的媳妇。阿雪是个非常尽职且孝顺的媳妇。五年后，老母亲过身，临死前口口声声说她得到了一个好儿媳妇、非常幸福云云。

十年后，阿吉和阿雪有了十个孩子，每个孩子的肤色都像母亲，白得近乎透明。一般说来，白天做惯庄稼活儿的女人老得快，但生了十个孩子的阿雪却一如当初，岁月没在她身上留下任何痕迹。

某天夜晚，孩子睡着了以后，阿雪在灯火旁缝衣服。阿吉在一旁看着妻子，感慨地开口："看你这样在灯火前缝衣服，我想起年轻时遭遇过的一件很诡异的事。那年我十八岁，在岸边的船夫小屋遇见一个皮肤白得透明，跟你一样美得不像这世间人的女子。现在想想，那女子长得实在很像你。"

阿雪仍埋头专心缝衣服，不经意地问："那女子是什么样的人呢？你怎么会遇见她？"

阿吉一五一十地描述起十年前那个冬夜所遭遇的事。说完后，又慨叹道："不管是做梦还是事实，反正我这生只有那次看到跟你一样美的女人。那女人当然不是这世上的人，我那时很怕，怕得要死。不过，她真的是个肤色很白的美女。我到现在仍搞不清那时到底是在做梦，还是那女人是个雪女……"

　　阿雪突然抛开手中的针线活站起身，望着坐在地板上的阿吉，悲伤得颤颤巍巍地说："那女人……那女人……正是我，是我阿雪呀。我那时不是告诉过你，如果你说出那晚的事，你将失去性命吗？要不是孩子们正在睡觉，我会马上杀掉你……可是，那样做的话，孩子们太可怜了，我下不了手。但你既然爽约，我就必须离开这里，请你代我好好照顾孩子们。万一你对孩子们不好，我一定会回来找你算账的……"

　　说着说着，阿雪的声音逐渐减弱，身子也化为一阵闪闪发光的雾气，摇摇曳曳升至天花板，自通风孔飘至屋外。

　　那以后，阿吉再也没遇见阿雪。

　　◆日本东北部的传说。凡是冬天积雪量多得必须与外界中断交通的地区，均有类似的传说。

第二节　无脸人

东京赤坂有一道斜坡，名纪伊国坂。

往昔，斜坡西侧是纪州藩（和歌山县以及三重县南部，第一代藩主是德川家康十男德川赖宣，八代将军起直至十四代将军，出身均是纪州藩）主宅围墙，东侧是江户城外护城河，俗称"弁庆堀"。现在纪州藩主宅成为迎宾馆，弁庆堀上面则是首都高速公路。在没有街灯也没有汽车的时代，这附近天一黑便人迹罕至，尤其夜晚，没人敢单独走这条斜坡，宁愿多绕几里路。

某天夜晚，有位老商人因急事不得不走这道斜坡。这天是阴天，月亮隐没云层，老商人只能借助手中那盏灯笼微弱的亮光，一摇三晃地爬坡。

啪嗒、啪嗒……老人边走边回头，四周明明只有自己的草履踏在泥地的啪嗒声，他却总觉得有人跟在身后同样发出啪嗒声。老人不知回了几次头，当他把脸庞转到前方时，冷不防发现有个女人蹲在护城河边掩面嘤嘤啜泣。老人战战兢兢地举高灯笼照看，瞧她身上的打扮和发型，似乎是个良家女子。

年轻女子在没有月亮的夜晚到这种场所来干吗？难道是想跳河？老人情不自禁地挨近问："姑娘，姑娘，你在这里做什么？有什么伤心事吗？这里不是年轻姑娘来的地方。"

老人很担忧眼前这个女子打算寻死，上前扶她起来。女子起身后，仍用袖子掩着面抽抽噎噎。

"不要哭，不要哭，你有什么困难吗？说出来听听，也许我帮得上忙，你说说看……"

女子依旧用袖子掩面，断断续续说："我……我……"

"嗯，嗯，说说看，你到底怎么了？"老人伸手搭在女子肩上。

女子松开掩面的双手，再用右手迅速往脸上一抹，说："我……我……没有脸……"

老人吓得大叫一声，倒退几步。女子果然没有脸，光滑的脸蛋上没有眼睛，也没有鼻子、嘴巴，宛如一颗光溜溜的鸡蛋。

"哇……哇……哇……"

老人抛开灯笼，拼命往前跑。四周漆黑一片，他不敢回头也顾不得脱落的草履，只想快点离开护城河。不知跑了多久，远方总算可见萤火虫般的灯笼亮光，老人仿佛看到救星，气喘吁吁地往亮光方向跑。

距离逐渐拉近，老人总算看清那是面摊。只要有亮光，只要有人，等于得救了。老人冲向那面摊，对着面摊贩子大喊："啊——啊——啊——"

"怎么回事？您遇到强盗了？"面摊贩子回头问。

"不，不是……是个女子……是个女子……"老人喘不过气。

"女子怎么了？这种夜晚竟有女人家敢出来闲逛？"

"我看到了，我看到了……弁庆堀旁有个女子，她……她……"

"她怎么了？跳河了？"

"不，不，她……她把手这样……就……就……"

老人用袖子抹了一下脸，说不出下文。

"唔,那女子给您看了?她是不是给您看这个?"

面摊贩子张开右手手掌抹了一下自己的脸庞,瞬间,他的五官全消失了,只剩下一个没有眼睛、鼻子、嘴巴的光溜溜的脸。

同时,灯笼的亮光也熄灭了。

◆千年前的平安时代便有无脸人传说,日本全国各地均有类似传说,在各种《百物语》中很常见。小泉八云的《怪谈》中也收录了一篇《貉》。

第三节　二十年的空白

近江国八幡（滋贺县近江八幡）是个热闹的市镇。

江户时代这市镇住着个富商，铺子字号是松前屋，主人名市兵卫，在八幡算是数一数二的大富商。市兵卫娶妻后不久，某天突然失踪了。失踪时的状态非常奇怪，据说，市兵卫于某天深夜带着侍女去如厕。侍女在厕所外提着灯笼等待，可是，左等右等，主人就是不出来。

新婚妻子本来在房内等，因为丈夫迟迟不回房，而且又带着侍女，她以为丈夫跟侍女或许有什么暧昧关系，于是披上外褂也到厕所探看。结果，妻子发现侍女站在厕所前，一副不知如何是好的样子。妻子问："主人呢？"

"主人一直不出来，呼唤也没回应……我唤了好久……"

以侍女的立场来说，即便厕所内没人回应，她也无法打开上锁的门确认主人到底怎么回事。妻子对着厕所唤了几声，里面依旧鸦雀无声。妻子只得唤来掌柜以及众伙计，命大家合力撬开厕所门，里面却空无一人。市兵卫在厕所内消失了。

众人乱成一团，在屋内四处寻找主人，可屋内毫无主人预谋离家出走的迹象。木屐和草履都在，所有衣物也没有遗失，厕所窗户更是原封不动。最可疑的人物是陪同主人如厕的侍女，但无论怎么追问，侍女也是一头雾水，回答不出。

由于松前屋是大富商，不能缺少主人，而且主人是新婚，膝下仍无后，于是花了大把银子托人打听寻找。不知找了多久，全无消息。后来亲族与掌柜商讨后,决定让新婚妻子招赘,继承家业。并把市兵卫失踪那天定为忌日,举办了葬礼。

如此,松前屋平安无事过了二十年。

某天,下人听到厕所内传出唤声,过去打开一看,发现市兵卫蹲在里面,身上的服装跟二十年前一模一样。妻子还记得二十年前丈夫消失时身上穿的服装,但当时那个在厕所外等候主人的侍女早已辞职嫁人,铺子内只剩几个老掌柜仍记得前任主人的容貌。大家异口同声地说:"是主人没错。"

二十年后归来的市兵卫只顾着喊肚子饿,无论问他什么,他都答不出。就在市兵卫坐在食案前狼吞虎咽时,他一边吃饭,身上的服装也一边扑簌扑簌地掉落,化为一堆灰尘。细问之下,大家才知道市兵卫始终蹲在厕所内,一蹲就是二十年。市兵卫自己也迷迷糊糊,据说完全失去记忆,只记得一直蹲在厕所内而已。

之后,市兵卫成为隐居的前任老板身份,过着每天诵经驱邪的日子。老板娘则变成了有两个丈夫的女人。

◆故事出自《耳囊》卷五,《耳囊》亦称《耳袋》,作者是江户时代任职町奉行(掌管行政、司法最高官位)的根岸镇卫(1737—1815)。《耳囊》费时三十多年,总计十卷,上千篇文章,记载当时街头巷尾流传的奇谈。此文有改编并润色,但故事大意没更动。

第四节　鳗鱼之怪

江户时代有个泥瓦匠工头，年轻时放荡不羁，像枝浮梗到处流浪闯荡江湖，最后成为泥瓦匠。在他成为泥瓦匠之前，曾在一家鳗鱼铺当养子，同养父母住在一起，时常跟着养父前往千住或日本桥小田原河岸采购鳗鱼。采购鳗鱼时是一盘笊篱多少钱的算法，所以采购人必须素手一条条抓起笊篱内的鳗鱼，查看鳗鱼是否生鲜，再决定要买哪一盘笊篱。

某天早上，泥瓦匠工头如常跟养父去采购鳗鱼，也如常素手抓起一条条鳗鱼查看，最后买了几盘笊篱，让挑担小贩送回家。到家后，养父把鳗鱼移到鱼箱时，发现有两条极为肥大的鳗鱼，感到很奇怪，问养子："你看这两条鳗鱼。我记得今天早上买时没看到这么大的鳗鱼，到底怎么回事？"

泥瓦匠工头也莫名其妙，歪着头答："我也记得早上买时没看到这么巨大的鳗鱼……不过，这种大鳗鱼很罕见，常客中有位客人不是很喜欢吃大鳗鱼吗？我们留下这两条鳗鱼给他吧。"

"是啊，那人很喜欢大鳗鱼，把这两条烤给他吃，他肯定会高兴得不计较价格。"

第二天，那个喜欢大鳗鱼的客人带着一位朋友来了。养父告诉他，昨天买到两条肥大鳗鱼，那人果然很开心，马上说："你现在就烤给我们吃。"

养父自鱼箱抓起一条肥大鳗鱼，打算剖鳗鱼。明明是长年来得心应手的工作,却不知怎么回事,他手中那把预计插入鳗鱼头的锥子,竟插中自己的手背。养父不堪痛苦,叫来养子,拜托养子代他剖鳗鱼。

养子——也就是日后的泥瓦匠工头,正打算动手时,大鳗鱼竟紧紧缠住他的左腕,力量奇大无比。养子左腕逐渐麻痹。他想抽回手,不料鳗鱼柔韧的尾巴啪一声击中他的侧腹。养子痛得发不出呻吟声,但手掌仍用力压住鳗鱼,对着鳗鱼轻声细语道:"喂,鳗鱼,听着,你再怎么挣扎也活不了,所以拜托你乖乖让我剖,如果你让我剖成功,我答应你,我将离开这个家,往后绝不再以剖鳗鱼为生……"

养子刚说完,鳗鱼便放松身子,老实躺在砧板上让养子给剖了。

烤了鳗鱼后,养子把鳗鱼送到二楼给客人。但两位客人突然觉得不舒服,迟迟不肯动筷子。过一会儿,向来喜欢吃肥大鳗鱼的那个常客,勉强吃了半串,结果说鳗鱼有死尸腐臭,将吃下的烤鳗鱼全部吐出来了。

当天深夜两点左右,厨房的鱼箱传出喧嚣声。家人均吓得不敢过去探看究竟,养子只得举着灯火进厨房观看。鱼箱上搁着一块镇石,乍看之下,那块镇石纹丝不动,鱼箱也没异状。养子觉得很奇怪,移开镇石,打开鱼箱。他看到鱼箱内有数不清的鳗鱼全像蛇那般高举鳗首,正在瞪视着他。另一条肥大鳗鱼则不知去向。

第二天,养子便逃出养父家。

养子回到上总(千叶县)老家无所事事地过了一年。某天,邮差送来一封信,内容说鳗鱼铺的养父自去年一病不起,希望他抽空回去一趟。

泥瓦匠工头那时还未跟养父母家正式断绝过继关系，于是动身前往养父家探病。回去一看，发现养母早已把情夫带进家里，养父则被关进里房，全身动弹不得，整天躺在被褥上。

由于泥瓦匠工头当时仍是养子身份，有权发令。他命下人把患者移到其他房间，每天守在养父病榻旁，喂他喝汤药、吃稀粥。可养父完全无法接受汤药或稀粥，不但不能说话，嘴巴也像鳗鱼那样一张一合地呼吸，成天只喝水。

过一阵子，鳗鱼铺养父过世了。泥瓦匠为养父办了葬礼，一切结束后，再正式跟养母断绝了关系。之后，泥瓦匠工头又去学泥瓦匠技术，晚年成为手底下有一批泥瓦匠工人的工头。

几十年后，泥瓦匠工头的侄子打算翻盖房子，托叔父负责粉刷墙壁。叔父派弟子来动工，自己也每隔两三天来监督。某天，侄子在中午特地叫了鳗鱼蒲烧外卖以慰劳叔父，没想到叔父不领情，看都不看一眼昂贵的鳗鱼蒲烧。这时，侄子才从叔父口中听到这段往事。

据说，泥瓦匠工头当时被鳗鱼尾击中的内伤，日后成为痼疾，每逢冷暖不定的换季时候都会疼痛。那条鳗鱼既然能够在泥瓦匠工头手腕缠成三层，再以尾巴击打工头侧腹，可见相当肥大。

只是，另外一条大鳗鱼的下落呢？

◆故事出自曲亭马琴（1767—1848）编著的《兔园小说余录》卷二《鳗鱺之怪》。江户风俗大师冈本绮堂（1872—1939）曾将此故事写入随笔《鱼妖》中，日本幻想文学先驱者泉镜花（1873—1939）也曾依据此故事写成短篇小说《夜钓》。

第五节　死神

有个没出息的男人，名叫八五郎，穷得连孩子也养不起，家中总是三餐不继，每天挨老婆叨叨骂。某天，老婆叫他干脆去撞豆腐自杀算了，赶他出门。他无处可去，只好在街上游荡，边走边思索——就算死，也要死得舒服一点。到底是跳海好呢？还是上吊好呢？跳海的话，尸体浮上来时全身肿胀不堪，还会被鱼戳得没眼没鼻，这太难看了；上吊的话，脖子拉得长长的，鼻涕口水流成一大串，那也见不得人。干脆用匕首刺喉咙？可这也好像很痛——八五郎想不出既能死得舒舒服服，又能死得体面雅观的方法，气得当街大喊："我到底该怎么死才好咧？"

"我来教你吧。"有人在八五郎耳畔响应。

"你……你是谁？全身脏兮兮的……"八五郎吓了一跳。

"我？我是死神。"

"死神？啊哈，我明白了。我一直认为是穷神附体才会走穷运，而且到昨天为止，再怎么穷也不会想死，可今天却老在想该怎么死才好……原来是你这小子在捣鬼！滚！给我滚！这儿没你的事。"八五郎挥手赶死神。

"嘿嘿，我又不是来要你的命，你何必赶我走？再说，你这小子寿数还长得很哩，放心，死不了的。"死神呵呵笑。

"那你来干啥？"八五郎问。

"嘿嘿，我是来帮你的……你不是穷得身无分文吗？老实说，我是来教你怎么赚大钱。"

"赚大钱？就凭你这个死神？你有什么企图？"八五郎瞪大双眼。

"这个嘛……说来话长，你们家八代前的老祖宗是个怪人，盖了座小祠堂，世上那么多神啊仙啊鬼啊，他谁也不祭，偏偏祭了死神。我是来报恩的，在他的后裔中特地选了个最、最、最穷途潦倒的人……嘿嘿，正是你，我是来帮你的……嘿嘿……"

"呸、呸、呸！你不要老笑得那么阴气沉沉的好不好？最、最、最穷途潦倒的后裔？我？嗯，这倒说对了，我确实是最穷的一个。好吧，管你是死神还是财神，反正我现在也是求生不得、求死不能。那你告诉我，要去哪儿才能挖得到金山？"

"嘿嘿，不是要你去挖金山，你啊……去当大夫。"

"啊？大夫？我又不会把脉，你要我去当催命鬼？把活马医成死马？"

"嘿嘿，你不用把脉，我教你治病方法。你回去后，在门口挂个招牌……哎，你眼睛瞪那么圆干吗？放心，我会使法术让客人来。客人请你去医病时，你就跟对方去患者家，到了患者家看到患者时，你要注意看患者的枕边和脚边。患者身边一定有死神，倘若死神坐在患者枕边，表示患者已回天乏术、无法救治，你啥都别动手，只要说句'为时已晚'，打道回府就得了。假如死神坐在患者脚边，那就有办法医治。"

"你倒说来我听听，怎么个治法？"

"我教你咒文，你念了咒文后，再啪、啪击两次掌，死神听了掌声后，不得不离去。只要死神离去，患者便能痊愈。患者痊愈了，嘿嘿，家属自然会送你一笔大礼。"

"可我怎么分辨死神？"

"你刚才不是说我全身脏兮兮的吗？"

"有道理。"

之后，死神教八五郎如何念咒文，并叮嘱八五郎只能治八个人。八五郎半信半疑地学着念咒文，最后啪、啪击了两次掌，方才在一旁喋喋不休的死神果然不见了踪影。八五郎立即打消想寻死的主意，回家找了块木板挂起招牌。

第二天，马上有人来请八五郎去治病。来人是家大铺子的掌柜，说他们店主已卧病五年，终年医药不断，总不见效。八五郎跟随掌柜前往患者家，果真看见死神坐在患者脚边，八五郎乐坏了，让所有人全退出，他单独留在患者身边。八五郎念了咒文，啪、啪两声，死神满脸怨气地消失了。死神消失后，患者随即从床上坐起，叫道："啊，睡得真饱，睡得真饱。掌柜的，我肚子饿了，我要吃鳗鱼盖饭和天麸罗盖饭！"

如此，八五郎的名声于一夕之间传了出去。由于第一次治愈的店主给了五十两银子当谢礼，第二次来求医的人便主动抬价。以此类推，八五郎的身价愈飙愈高。碰到死神坐在患者枕边的病例时，八五郎就说"为时已晚"，当下告辞离去，而往往在八五郎还未跨出患者家大门时，患者便断气了。治得好，可以获得巨款；治不好，也能赢得"华佗再世"之称。八五郎一飞冲天，成了大富翁。

然而，俗话说，骨头里挣出来的钱纔做得肉，八五郎是钱来得快、去得也快，何况并非每次都是死神坐在脚边的病例，再者死神于事前已叮嘱过，只能治八个人。之前八五郎治愈六宗病例，赚得别人花一生也花不完的钱，却因挥霍无度坐吃山空，只维持了一年又恢复为穷光蛋。原配老婆和孩子早已被八五郎赶出家门，姨太太又不告而去，八五郎只得再度挂起招牌。

怎奈财神一走，运气也跟着狂跌，没人来请八五郎去看病。八五郎巴巴干等了十天，总算有人来求医。可去了一看，死神坐在患者枕边，没赚头。接二连三都是连脚步钱也赚不到的病例，八五郎再度叨叨念起"到底是跳海好呢，还是上吊好呢"？

某天，总算来了只肥羊，是著名富商大贾的掌柜。八五郎随掌柜前往患者家，但这回也是死神坐在枕边的病例。八五郎无法可施，坦白说"为时已晚"，岂知掌柜竟开出五百两谢礼。八五郎见死神双眼炯炯瞪着患者，灵机一动，叫来四名伙计，要他们各自坐在病榻四隅。待死神开始打盹儿时，八五郎忙叫伙计把病榻转个圈，让枕边和脚边对调。死神醒来时，那才是真正的"为时已晚"，八五郎立即念起咒文，啪、啪两声便把死神赶到天花板。死神消失后，患者立刻在病床坐起，大喊："我要吃鳗鱼盖饭，我要吃天麸罗盖饭……"

掌柜说，日后会遣人送五百两谢礼到八五郎家，当天先付了十两脚步钱给八五郎。八五郎的荷包好久没这么饱满了，跑到酒馆喝个痛快。归途，八五郎自言自语："啊哈！今天真是得心应手，把死神吓得跳到天花板，笑死人了。"

"听到那咒文，再听到啪、啪两声，不跳咋行啊？嘿嘿，这是我们的规定。"

"哎呀，吓我一跳！你……你是之前的死神？原来刚才那个死神是你？"

"嘿嘿，你居然胆敢恩将仇报。"

"不，不，等等，你听我说……你们死神……怎么说呢？长相都一个样儿，阴阴沉沉的，教我怎么分辨得出呀？早知道是你的话，我绝对不会那样做，真的。"

"这世上有该做和不该做的事，也有可以挽回和后悔莫及的事，你懂吗？你让我丢尽面子，我就让你尝尝后果，嘿嘿，你跟我来吧。"

"去哪儿？你要带我去哪儿？"

死神带八五郎来到一个洞窟，洞窟内插满蜡烛。死神向八五郎说明，一根蜡烛代表一个人的寿命，并指着其中一根已熊熊烧掉一半，火势仍很强的蜡烛说：

"这是你原配夫人的蜡烛。"

"果然跟她很配，成天碎嘴碎舌毒骂，差点没把我骂死。你看，连蜡烛也咻咻说个不停……旁边那根又长又旺的是谁呢？"

"是被你赶出家门的儿子，这孩子会长寿。"

"那小子会长寿？啊，啊，坏事了，我把他给撵走了……我儿子旁边那根呢？又短又暗，好像快熄了……"

"那根正是你，那正是你的寿命，你快死了。"

"怎么会呢？我虽穷，可从来没生过病，你看，我现在不是还好好的吗？我咋会死呢？"

"你想知道原因吗？你来看这根，这根原本是你的寿命。"

"这才像话嘛！你看，这根虽然已烧掉半根，但火势仍很旺。你是不是把刚才那根和这根搞错了？"

"没搞错。你今天不是整了我吗？我明明坐在患者枕边，你给我来个乾坤倒转，把我甩到脚边。那个富商本来快要死了，这是不能改变的事,你知道那个富商的寿命从哪儿来的吗?你以为蜡烛会自己长高吗?嘿嘿,是你咎由自取,你拿自己的寿命跟富商的寿命调换啦。这就是你以怨报德的后果。本来在你出了酒馆后就会死在路旁,可你大概也不想死得不明不白,所以我才带你来这儿。"

"这……这……死神大人,我求求你,我拜托你,你给我换回来好不好?"

"嘿嘿,这我可办不到。你还记得我们第一次见面吗?你一直在斟酌该怎么死才能死得舒服又体面,我现在就告诉你答案,你只要吹熄那根蜡烛,你就能死得既舒服又体面。"

"别跟我开玩笑!死神大人,你当初不是说可以治八个人吗?我目前只治愈七个人,还剩一个,我能不能治我自己?"

"嘿嘿,看在你八代前老祖宗的面子上,我给你最后一个机会。但我先说好,我们死神不能插手管这种事的,你得自己来。"

"好,好,我自己来,我自己来。"

"这儿有半根烧剩的蜡烛,你只要用你自己那根蜡烛的火点燃这根,嘿嘿,你就可以延寿啦。不过,你要小心,万一搞砸了,你会当场死去。"

"好……我试试……我试试……"

八五郎小心翼翼地举起自己那根随时将灭的风中之烛,战战兢兢地移到另一根烧剩的蜡烛前。无奈他太紧张、太惶恐,双手抖个不停。

"啊……啊……火……火……熄……熄了……"

八五郎说完最后一句话,不支倒地。

附记：

◆原为落语家初代三游亭圆朝（1839—1900）根据格林童话中的《死神教父》（Der Gevatter Tod）改编成的落语，如今已成为日本古典怪谈落语经典之一。初版的格林童话充满情色、暴力、贪婪、欺骗、狡猾的人性黑暗面，后来的版本均为经过删除、过滤、润饰的儿童版。从时代看来，三游亭圆朝根据的版本应该是初版。

◆落语是日本传统艺能形式之一，起源于三百多年前的江户时代，演出者跪坐在台上的软座垫上说故事或笑话、怪谈，有点类似中国的单口相声，但落语演出者通常身穿正式和服，手拿折扇或手帕当演出道具，故事构成主要是对话，演出者必须靠声调、表情、口吻、手势等扮演多重身份，相当于独角戏。"落语"的"落"正是中国相声中的"抖包袱"，是引发观众反应的引爆点。落语家在舞台演这出"死神"时，最后会随着"熄⋯⋯熄了⋯⋯"的台词往后倒下，因为"熄"的日文发音同"消失"一样。此文根据落语剧情的台词加以改写并润色。

第六节　人面疮

山城国（京都府南部）有个农民，患上不明所以的病，有时全身发冷，有时全身酸痛，病症类似瘟疫和痛风掺和在一起，任何治疗都无效。如此痛苦了半年，农民左腿长出个恶疮。那恶疮模样像个人面，虽然没有耳、鼻，却有看似眼睛和嘴巴的形状。

农民不再发冷也不再全身酸痛，这回的痛处是恶疮。恶疮发痛时，会痛得令农民觉得生不如死。这恶疮像个生物，即便请人割除，仍会逐渐长出，最后恢复原状。无论涂上什么药膏，均徒劳无益。一筹莫展的农民心想，既然这恶疮有嘴巴，给它吃东西的话，应该可以安抚它。果然如农民所料，只要把米饭或麻糬塞进恶疮嘴巴，恶疮嘴巴会像人吃东西时那般蠕动着再吞下去。农民试着给它喝酒，喝酒后的恶疮也会像人酒醉时那般满脸通红。而且只要给恶疮吃喝，恶疮便不会发痛，农民可以暂时松一口气。

然而，疼痛只是姑且消失而已，之后仍会再犯。恶疮把农民折腾得全身只剩皮包骨，躺在床上等死。

某天，有位云游四方的行脚僧凑巧路过村落。行脚僧听了恶疮之闻，特地探访农民家，仔细观看恶疮后，说道："这恶疮很罕见，是人面疮。患上这种病的人大多无药可救。不过，也并非全无办法。"

农民卖掉所有田地换成现金交给行脚僧，让他去寻购药材。

行脚僧买来各式各样的药材，包括金、石、土，依次塞进人面疮的嘴巴。人面疮起初像个饿鬼一样，无论塞什么均狼吞虎咽地吃掉。待行脚僧要塞进其中一种药粉时，人面疮竟像个不想吃奶的婴儿，聚眉闭口。行脚僧用芦草茎插进人面疮的嘴，吹入药粉。

两周过后，人面疮逐渐变硬，最后成为疮痂，嘎巴掉落。据说，行脚僧给的药粉叫贝母，是百合科贝母属的多年生草本植物，把贝母阴干后再碾成药粉。

◆故事出自浅井了意（1612—1691）《伽婢子》卷九《人面疮》。《伽婢子》刊于一六六六年，收录十三卷六十七篇怪异奇谈，除了日本民间怪谈，也收录十八篇改编自中国《剪灯新话》的怪谈。其他各种《百物语》也有不少类似《人面疮》的故事。

◆我记得日本著名漫画《怪医黑杰克》（Black Jack）里有一篇描述"人面疮"的故事，患者是某企业集团的继承人。黑杰克为患者做了血液检查，查不出有任何异状。后来才明白原因出自患者的成长过程，患者患的是人格分裂症。

结果，患者因自己的女子人格牵涉了几桩命案，被列为嫌疑犯。警官前来查缉时，患者又变成另一个男子人格，打算用武士刀杀害警官。警官出于自卫，不得不开枪击死患者。黑杰克说："外科医生虽然能用手术刀切开人的肉体，却无法切开人心探看人的心灵深处。"

这句话给我留下了深刻印象。不过，故事大意都仅凭记忆，细微处若有出入，还请读者多多包涵。

第七节　应声虫

元禄十六年（一七〇三年）五月上旬。京都油小路有家制作屏风的铺子，家中有个十二岁的儿子，名长三郎。某天早上，铺子的小伙计看少爷迟迟不出房，去叫少爷起床，之后慌慌张张跑回大厅禀告老爷："不好了！不好了！少爷出事了！"

老板和老板娘赶忙奔向儿子房间，发现躺在床上的儿子气喘吁吁，脸红得如火烧。老板伸手贴在儿子额上，额头热得滚烫。老板立即命人请医生来，医生却诊断不出病名，只得开了各种药方。但任何汤药均无效，长三郎日复一日地躺在床上呻吟。

半个月后，长三郎的腹部长出一个青紫色肉瘤，而且肉瘤外貌似人面，类似嘴巴处还会一张一合地蠕动。老板召集了镇上所有医生，但众医生只是歪着头不明所以。此外，每逢长三郎开口说话，肉瘤的嘴巴也会跟着蠕动，仿佛肉瘤借着长三郎的嘴巴在说话那般。倘若医生想伸手触摸肉瘤，长三郎便会大喊大叫："别碰我！要我说几遍你们才会明白！"

自从长出肉瘤后，长三郎的食欲有增无减，老是说肚子饿，时常命下人端饭给他吃。他吃饭时的模样又猛又急，狼吞虎咽，不上一刻工夫即能吃个精光，家里人都说是饿鬼附身，吓得避而远之。老板深恐儿子吃太多，有时会命下人减量，只要饭菜一减量，长三郎即发高烧、翻白眼，在床上痛苦不堪地乱翻乱滚。

奇怪的是，无论长三郎吃下多少饭菜，似乎都在滋补那个肉瘤。长三郎逐渐面黄肌瘦，肉瘤却渐长渐大，并隐约出现五官。

七月某日，有位名医来访。这位名医仔细观察长三郎的病状和肉瘤，再让长三郎依次吞食各式各样的药材，之后选出几种长三郎特别不愿意吃的药材，嘱咐老板定时给长三郎喂食。十天后，长三郎的屁股爬出一条一尺一寸（约三十三厘米）长的蛇状物体。众人见状，纷纷拿起棍子打死了那条蛇。

如此，长三郎的怪病终于治愈了。

◆此文改编自一七四九年刊行的说话集《新著闻集》。《新著闻集》总计十八卷，三百七十七篇故事。编者为纪州（和歌山县）藩士神谷养勇轩（1638—1717）。《新著闻集》则改编自镰仓时代中期一二五四年成书的《古今著闻集》。其他江户时代的各类奇谈随笔集亦有类似故事。原出处是中国古典。据说应声虫可能是现代的蛔虫。

第八节　尼姑的忏悔

往昔，大和国（奈良县）某村落有家茶馆。乡下的茶馆没啥新鲜事，日子过得非常平淡，但茶馆老板曾遭逢一件令他终生难忘的事。

事情发生在某年夏天傍晚，树上蝉儿叫得声嘶力竭，凉风习习吹来。有个尼姑打扮的女子伫立在茶馆前望着远方，过一会儿，女子转过身来，茶馆老板看到女子的容貌，倒抽了一口气。那女子娇若春花，媚如秋月。女子问老板前往某寺院的路径，老板回说："大概还须走七八里路"。女子听后，深锁眉头，低垂着头，似乎有什么难言之隐。茶馆老板情不自禁地打探底细说："你是要到那寺院当尼姑吗？你这么年轻又这么漂亮，为何要去当尼姑呢？"

女子挨近老板，轻声细语地问道："我身子不好，没法走七八里夜路，您能不能留我在茶馆住一宿？"

茶馆并非旅馆，茶馆只供应旅客过路时歇脚、喝茶、吃些茶点，之后继续赶路而已。但要一个单身女子在傍晚走七八里夜路，确实不妥。茶馆老板想了一会儿，向女子说："我可以留你在我家住一宿，可你似乎有什么难以说出口的事情。你说来我听听，不然我也不敢贸然带你去我家。你这么年轻，为何必须只身前往寺院当尼姑呢？"

女子咬着樱花瓣般的嘴唇，下定决心地点头，然后徐徐述起：

我小时候，父母便因瘟疫先后过世。我是独生女，没有可依赖的兄弟姐妹，村里的大爷可怜我的身世，收养了我。我为了报恩，家事和铺子的事都做，有时也帮大爷打理些身边琐事。等我长到十五岁时，大爷爱上了我，我明知这样对夫人不好，却因长年来的相处，也不知不觉地爱上了大爷。

在这时候，夫人生病了。夫人始终把我当亲生女儿看待，恩重如山。我诚心诚意地照顾夫人，但夫人的病情一直不见好转，身子愈来愈差。夫人陷入危险状态时，在病床上当着我的面，对大爷说："等我死了之后，你千万不能迎娶其他女人，一定要纳这个从小就在我们身边长大的孩子为填房。你能答应我吗？"

我听后心里一凉，感觉夫人早已知道我和大爷的事。可大爷似乎毫无感觉，只是再三劝慰夫人，说她的病一定会好起来。夫人又转头和蔼地望着我说："你听明白了吗？等我死后，这人就交给你了。"

夫人的眼神一如既往，像个慈母。我很羞愧刚才自己心生猜疑，辜负了夫人的一片好心。自此以后，我比以往更加废寝忘食地照料夫人，或许老天爷听到我的恳求，夫人的病情终于暂时好转。那年夏天，某个傍晚，夫人说："今天身子好多了，我想到观音堂乘凉。"我尽力劝阻夫人，因为即便病情有点好转，也不能让夫人出门走路，万一又犯病，可就不得了。但夫人说不要紧，硬要我陪她去观音堂走走。

我牵着夫人的手前往观音堂。夫人的脚步踉踉跄跄，不过迎着夏天傍晚的凉风，因久病而憔悴不堪的夫人的脸，逐渐绽开了笑容。过了一会儿，夫人就痛苦地大声喘气，一步也迈不开了，最后坐在了路边。我欲哭无泪，只得蹲下身背起夫人。

不料夫人的双手竟狠狠地抓住我的肩膀，口中发出令人心悸的呻吟。我回头一看，望见夫人眼中冒出冰冷的恨意，五官狰狞得像个怪物，我吓得大叫一声，背着夫人昏厥倒地。

等我回过神来时，才发现已躺在家中的床上。大爷的眼神像掉了魂似的，愣愣地望着我。我感到肩上和背上都很沉重，回头观看，岂知眼前出现的竟是夫人的脸。夫人闭着双眼，面呈死相，早已断气。大爷说："我们用尽办法想把她挣开，可无论用什么办法都没用。"听到这句话，我再度昏厥过去。

茶馆老板听完女子的叙述，长长呼出一大口气，接着问女子："你是因为理解了夫人的嫉恨，并明白自己造的孽有多深，才想到寺院当尼姑吗？"

女子微微倾着头，答："也不是因为如此才想当尼姑。我已经得不到大爷的爱，不仅是大爷，连世上最无能、最无聊的男人也不再瞧我一眼了。"

"怎么会呢？你这么年轻又这么漂亮，怎么可能没男人爱你？你得天独厚，应该感谢老天爷才对，不然其他女人怎么活下去？"茶馆老板讶异地问。

女子嘴角浮出阴郁的笑容，缓缓答道："除非砍掉夫人的手,否则夫人永远离不开我。您看,有哪个男人会爱上这样的我呢?"

女子说毕,一把掀开僧衣,露出裸裎的肩膀。茶馆老板看到女子肩上的物体,吓得胆裂魂飞,一句话也说不出。

◆改编自根岸镇卫《耳囊》卷九《可不思议的尼忏悔物语》。

第九节　桂花

往昔，伯耆国（鸟取县）城内运河旁有一幢武家宅子，本为达官贵显的宅第，宏伟热闹。但不知为何也不知何时竟人去楼空，宅子蛛网尘封，庭院亦荒废得杂草丛生。

某日，有位名为金田的年轻武士决定搬进去住，他认为那么大一幢宅子空着可惜。几名同窗契友听闻此消息，纷纷劝导："别去住，那幢宅子是凶宅，听说有幽灵。"

金田不相信，回道："幽灵？我不怕幽灵，要真出现了，我把它赶走不就得了。"

几天后，金田果真单独一人住进了那幢宅子。所有人都认为金田可能熬不过多久便会逃之夭夭，不料金田居然平安无事地住了几个月。

该年秋天阴历九月十三日是赏月节，当地人称为"栗名月"，习惯在面对庭院的套廊供奉栗子，观赏明月。当晚，金田一人坐在套廊赏月时，有个从老家进城的亲戚来访。来访者是个老人，不清楚金田住的房子是幢当地人避忌的凶宅，兴高采烈地与金田并坐在套廊闲聊家乡事。聊了一阵子，老人问："我老是闻到一阵花香，那香味很浓……到底是什么香味？"

"哦，香味吗？应该是那株桂花。"金田指着院子角落飘浮在黑暗中的一丛白花。

"原来是桂花，真香。"

老人刚说完，白色桂花丛中出现一个白衣女子。女子身影朦胧，飘飘荡荡，似有若无。老人定睛望了一会儿，才看清那身影确实是个身穿白衣的女子，她双眼望向套廊，在桂花树下婆娑踱步。老人以为女子是金田的情人，今晚特地来陪金田赏月。

"不好意思，我这个老人实在不解风情，打搅你们了。"老人打算起身告辞。

"您别在意，反正她每晚都会出现。"金田阻止老人，再高声叱喝白衣女子："喂，你又来了，还不快滚！"

金田语毕，那女子随即躲进庭院角落阴暗处。然而，过一会儿，女子再度出现，而且逐渐挨近套廊。

"喂，你烦不烦啊？我叫你快滚！"

但女子没消失，反倒步步挨近。

"烦死人了。到底要说几遍，你才听得懂啊？"

金田起身回房取来木刀，赤脚跳到庭院里，大喝一声，举起木刀砍向女子。女子没发出尖叫，只是一声不响地踱向院子角落的小门，之后像阵轻风，飘然走出小门。

"你怎么那样对待她？那女子长得很清秀，怎能用木刀赶走人家呢？"老人愤愤不平。

"您没看清楚吗？那女人不是一般女子。"金平反问。

"不是一般女子？这话怎么说？"

"她是幽灵。"

"啊？幽灵？"老人大惊失色。

"是啊。我搬进这宅子之前，就有不少人告诉我这宅子有幽灵，只是我之前不知道他们说的是那个年轻女子。您看到了吧？她每晚都会出现。"

"你不怕？"

"我有必要怕她吗？最初我也吓了一跳，现在已经见惯不惊，反正她不会要我的命。如果不把她赶走，她会进我的房间，甚至浮在我床上。无论我怎么用木刀砍，都没有击中的感觉，她也毫无反应，吭都不吭一声。倘若我追她，她会像刚才那般，仿佛是张被风吹走的纸，轻飘飘地逃掉。"

"她长得那么清秀，竟然是个幽灵……她跟这宅子有什么关系吗？"

"不清楚。听说这宅子历史悠久，或许有关系吧……可岁月太久，我问过很多人，却没人知道详情。"

老人本来打算在宅子过夜，听完金田的说明后，背脊逐渐发凉，不顾金田挽留，当下告辞离去。老人步出宅子大门，顺着围墙踽踽独行，忽地又闻到一阵花香。仰头一看，墙头有无数伸枝展叶的白花，沉甸甸地浮在月光中。这时，老人又听到折断树枝的嘎巴声。老人狐疑地停步，寻声望去，只见半空陆陆续续降下桂花树枝，撒了一地。老人再度抬头望向墙头时，方才那个女子又飘浮在白色桂花丛中。老人吓得拔腿飞奔。

之后，宅子开始发生怪事。每天深夜，院子总会传来折断树枝的嘎巴声。而金田每天早上醒来到院子察看时，也总会发现桂花树下掉落许多树枝。

"怎么回事？那幽灵至今为止都不开口说话……难道她觉得折树枝的声音很好玩？"金田觉得莫名其妙。

每天深夜传来的嘎巴声虽不致于吵得金田睡不着觉，但那声音既单调又规律，反倒令金田寝食不安。

过些日子，嘎巴声不再响起。金田到院子细看，发现那株桂花树的树枝全被折断，桂花树也已枯死。自此，白衣女幽灵不再现身。金田松了一口气，心想，往后总算能高枕无忧，摆脱那个女幽灵了。岂知，金田竟于某日一病不起，四处求医调治，总不见效。

金田病得日渐消瘦，最终骨瘦如柴，手脚指头宛如枯枝那般嘎巴嘎巴地断掉，全身关节也都不明所以地折断，折腾至最后，终于一命呜呼。

金田过世后，那幢宅子愈加荒废。不知何时，宅子被拆掉，不留一丝痕迹，仅传下这个故事。

◆鸟取县传说。自古以来，日本各地便有各种花灵传说，尤以香味浓烈的木樨为甚。

第十节 第二个房间

有个老爷爷住在小山村里。老爷爷家的院子很大,种了许多花草。他每天精心照料花草,让院子都开着各式各样的四季鲜花,多彩多姿。只是院子中央有一株高大的梅树,不但遮住阳光,而且不知怎么回事儿竟枯死了。

某天,老爷爷取出锯子,打算锯断梅树。正当老爷爷弯着腰用锯子咯吱咯吱地锯开梅树的树干时,突然四周明亮起来了。老爷爷莫名其妙地抬头环视,发现不远处站着一位花容月貌的姑娘。那姑娘用宛转动人的声音恳求老爷爷:"请您不要锯断这株梅树。"

"为什么?这是我家的梅树,何况这梅树好像枯了,留着没用。再说,你到底是哪家姑娘?我好像从来没见过你。"

"我住在后山的尽头,不是这村子里的人。不过这株梅树是我小时候的玩伴,我不忍心看它被锯掉。"

"你是说,你小时候时常来这儿玩?怪了,我怎么没记忆呢?看来我真是老了,忘了以前的事。既然你这么喜欢这株梅树,我就留下它吧。"

"谢谢您。为了表示我的谢意,劳烦您到我家喝盏清茶,好吗?"

"是吗?反正今天不用锯树,刚好没事做,那我就不客气了。"

"请您随我来。"

老爷爷收拾好锯子,跟在陌生姑娘身后前往后山。后山可以说是老爷爷的地盘,他时常来后山砍柴,熟悉后山内所有的山路。可那姑娘却不走老爷爷熟悉的山路,在树林里左转右拐,最后来到一片老爷爷从未看过的草地。穿过草地后,有座小丛林,尽头有一栋豪宅。

"您累了吧?这就是我家。"姑娘道。

老爷爷随姑娘走进宅子的大门。一进大门,眼前是个大庭院,不但有各种树木,也有顺着岩石流下的小瀑布,瀑布的水形成一条弯弯曲曲的小河,贯穿整个庭院。

姑娘打了一桶河水,向老爷爷说:"您先洗个脚吧。"

老爷爷把双脚伸进水桶,接着闻到一股芳香。

"咦?这河水是酒?"

"是的。请您随我来。"

姑娘领老爷爷来到一间面向庭院的房间,之后又捧出许多美酒佳肴款待老爷爷。老爷爷大吃大喝得不亦乐乎。

过一会儿,姑娘进房,对老爷爷说:"我有事必须出门一下,您能不能帮我看家?"

"当然可以,你放心出门吧。"

"不过有件事要拜托您。除了这个房间,我家还有十二个房间,您可以随意参观,但请您千万别打开第二个房间。"

"第二个房间是吧?没问题,我不会打开第二个房间,你放心去吧。"

"如果您还想喝酒,院子的河水都是酒,您想喝多少都请便。"

姑娘吩咐完毕,离开宅子走进丛林深处。

老爷爷饱餐了一顿之后，略带醉意起身，打算去参观宅子内的各个房间。老爷爷来到走廊一看，果然有一整排房间。他先打开第一个房间，房内装饰着松、竹、梅，壁龛前的方木盘上也盛着龙虾、海带、柑橘等；房内角落有五六个穿着盛装的孩子围着火炉正在喝甜米酒。

"这房间好像是元旦的房间。"

老爷爷关上房门，来到第二个房间。这时，他想起姑娘临走前的吩咐，于是继续往前走，打开第三个房间。第三个房间是女儿节雏祭的摆设，金屏风前七层阶梯式的橱子摆满着各式各样的人偶，另有桃花、油菜花、灯笼等装饰。

"这应该是三月雏祭的房间。"老爷爷自言自语。

第四个房间摆着用樱花、木兰、辛夷等装饰成的花御堂亭子，亭子中央有个水盘，水盘内有一尊高举右手的佛像，水盘前还有一把小勺子。老爷爷用勺子舀水喝，发现水盘内的水是甘茶，这才恍然大悟，原来这是四月的花祭灌佛会房间。

老爷爷来到第五个房间，还未打开房门，他便猜测房内应该是五月端午男儿节装饰。果然如老爷爷所料，房内装饰着鲤鱼旗、武士头盔、菖蒲长刀、刀箭、火绳枪、武将人偶等，另有柏饼麻糬甜点。

第六个房间是富士山封山开禁仪式。房内正面墙壁搁着一座头上戴着雪白帽子的富士山，捧着供品的人偶从山下至山顶排成一条长龙，供品都裹着五彩缤纷的布包或纸。

"漂亮，漂亮！接下来是七月，应该是七夕祭。"老爷爷啧啧称好。

七月房间装饰着竹叶，竹叶上挂满了金银色的许愿纸条及写着和歌的诗笺。

第八个房间是中秋十五夜赏月房，供奉着白色团子、栗子、毛豆、芋头，装饰花草则是芒草、胡枝子、桔梗、女郎花（黄花龙芽草）、瞿麦、佩兰等。房内另有一个笼子，里面是铃虫（金钟儿），正发出清脆的叫声，笼子旁还有一根笛子。

老爷爷想起村子每年八月举行祭典时，终日笛声响彻云霄。看来那姑娘非常熟悉村子的习俗，难怪她会说小时候的玩伴是那株梅树。

第九个房间是秋收割稻的风景。房内全是稻田，稻田中有迎风摇晃的稻草人，也有忙着割稻的人偶，另有把稻草载在马背及运稻米至河边小舟的人偶。老爷爷微笑着说："是啊，是啊，割稻季节最忙喽。那第十个房间是什么呢？"

打开下一个房门一看，原来是菊人偶。房内搁着各式各样用菊花制成的菊人偶，红菊、白菊、黄菊，香气四溢；天花板是秋高气爽的蓝天，还有一群往南飞的燕子。

第十一个房间是七五三儿童节。穿着盛装和服的三岁、五岁男孩，以及三岁、七岁女孩正在神社前合掌参拜，孩子手中提着红白两色的千岁饴袋子，神社背景的山顶已积着白雪。

"好了，剩下最后一个房间。十二月是什么呢？"

老爷爷打开最后一个房间，房内传出歌声，原来是四个小男孩正在唱着捣米歌，手中各自握着圆木棒一上一下地捣着年糕。一旁另有一群孩子坐在炬燵（用被子遮盖的暖桌）前，吃着刚捣出的年糕。

参观完十一个房间，老爷爷从走廊尽头再度走回最初接受佳肴款待，面向院子的那间房。姑娘还未回来，房内只剩残羹冷炙。老爷爷等了一会儿，心中老在猜测第二个房间到底是什么？老爷爷禁不住好奇，终于步出房间，来到第二间房前，打开房门。

房内是二月风景，正是梅花盛开的时期。房间中央有一株高大梅树，树下有三个拿着扫帚的小女孩，正在打扫缤纷的白色落梅。小女孩看到老爷爷后立即消失了踪影。老爷爷觉得很奇怪，进房搜寻，但寻遍房内也找不到那三个小女孩，只在梅花树下找到三个很小的蛋。

"这到底是什么蛋呢？"

老爷爷弯腰拿起其中一个蛋，无奈蛋太小，老爷爷拿不稳，蛋掉落在其他两个蛋上头。三个蛋全破裂了。

"完了，我把蛋打碎了。"

老爷爷刚说完，背后马上响起哀怨的叫声。原来是那姑娘回来了。姑娘泪珠盈眶，满脸怨气地向老爷爷说："我不是拜托您千万不要打开第二个房间吗？您杀死了我的三个宝贝孩子。"

姑娘说完，转身化为一只黄莺，哀叫三声，飞向窗外。

老爷爷四肢发软，愣头愣脑地坐了下来。待他回过神来时，豪宅已不知于何时消失了，只剩他一人呆坐在丛林内。

◆日本东北部的民间传说。

第十一节　菊花之约

种树莫种垂杨枝，结交莫结轻薄儿。杨枝不耐秋风吹，轻薄易结还易离。杨柳逢春可再绿，轻薄却无重访时。

却说播磨国（兵库县）加古驿站有位秀才，名为丈部左门，安贫乐道，日夜与书为伍，厌烦一切俗务。家中有位老母，不次于当年孟母，每天纺纱织布，助儿志学。妹妹许配给同村佐用家。佐用家境富裕，因仰慕丈部母子品德，故聘娶其妹为妻。结为姻亲后，佐用还不时借故送来馈礼，但丈部家以"怎能以口腹之欲连累他人"为由，一一婉拒。

某日，左门造访同村某人，与主人正谈得起劲时，忽闻隔墙传来痛苦的呻吟。左门问主人，主人道："此人来自西国，他说与同伴失散，恳求借宿一晚。我见他颇有武士风度，并非卑俗人物，便留他住下。不料当晚突发寒热，病得不能自行起卧。我看他可怜，继而留宿三四天，可又不知他是何方人士，只怪我太粗心，正愁不知该如何处置。"

左门听毕，说道："既然如此，那就甚为可怜，你心感不安也是人之常情。在人生地不熟的旅途生病，想必他也很焦急，我这就去看看。"

主人劝阻道："据说高烧瘟病很危险，我从未让家人进此人房内。你切勿去看望，以免伤及自己。"

左门笑道："常言道生死有命，人的生死都是天定的，天命未尽的人不会传病给别人。我等岂能相信瘟病会传人之俗说。"

于是推门而进，但见那人果如主人所说，虽非卑俗之辈，却病情甚重。面黄肌瘦，肤色黝黑，躺在旧被褥上痛苦不堪，见左门进房，忙哀求道："请给我一口水喝。"

左门挨近床边安慰道："你勿担忧，一定会病愈。"随即与主人商讨，亲自选药开处方，并亲自煎药、熬粥给武士喂服，可谓照顾得无微不至，情同手足。

武士深感左门的真情实意，流泪说道："我是异乡游子，承你如此厚待，即便病死，也定会设法报恩。"左门诚心诚意劝道："且勿说丧气话，大凡瘟病都有一定疫期，过了期限，自会病愈。我会每天来照顾你。"

在左门的悉心照料下，武士逐渐康复，精神也舒畅许多，不但向主人衷心致谢，更感激左门的恩德。左门问武士的职业，他如此道出："我本出云国（岛根县）松江人，姓赤穴，名宗右卫门，因略识兵书武学，是以富田（岛根县广濑町）城主盐治扫部介聘我为军师。前些日子，城主命我为密使，前往近江国（滋贺县）拜访佐佐木氏纲府邸，佐佐木留我住宿，不料此时，前任城主尼子经久纠集山中族党，于文明十七年十二月除夕夜趁机偷袭并夺取了城邑，盐治城主因此而丧生。出云国本为佐佐木领地，盐治城主只是代理守护。我劝谏氏纲大人，应该协助之前便对尼子经久怀有敌意的三泽、三刀屋等豪族，一齐讨伐尼子经久。无奈氏纲是位外强中干的愚将，不但未听我话，反倒把我监禁了。我想既然如此，便无须久留该地，单身逃至城外，欲前往故乡出云国时，途中行至此地一病不起，幸蒙先生照顾，恩重如山。我将付出后半生报此恩德。"

"恻隐之心乃为人之本性。"左门道："你无须多谢，请暂且在此养病。"

其后，宗右卫门在左门的殷勤照料下，果然康复了。

这期间，左门不分昼夜地前往宗右卫门那儿，促膝畅谈，如遇知音良友。宗右卫门也有问必答，泛论诸子百家学说。宗右卫门口调沉稳，却博闻多识，尤擅长兵学理论。两人志同道合，彼此仰慕对方学识，十分投机，终于结为拜把兄弟。

宗右卫门长左门五岁，是为兄，他向拜把弟弟说："我自幼父母早逝，贤弟老母即吾母，可容我登堂拜见她老人家？老人家一定会怜恤我这种幼子心情，受我一拜吧？"

"老母向来担忧我孤单一人，"左门喜不自禁地回答："倘若我禀告你这番真心，老人家必将延年益寿。"

左门遂带宗右卫门回家。老母欢喜相迎，说道："我儿不才，所学也不合时宜，恐怕终生难遂青云之志，还盼你别嫌弃，视他为弟，多多教导他。"

宗右卫门在榻榻米上跪拜道："武士以信义为重，功名富贵均不足挂齿。今日蒙高堂慈爱，又受贤弟敬重，世上更有何求？"宗右卫门高兴得在左门家欢度了几日。

山岭才见樱花盛开，不知不觉中又落英缤纷。当高砂海湾吹起凉风时，初夏已近。宗右卫门向左门及老母道别："我之所以逃出近江，是为了确认出云动静。因此我打算先回故乡一趟，再度返回此地。之后必定尽心孝养以报恩，眼下请容我小别些时日。"

左门问："兄长几时归来？"

宗右卫门答："日月如梭，我定在今秋之前归来。"

"究竟是秋季何日？请兄长确切定个日子。"

宗右卫门道："那就定在九月九日重阳佳节那天吧。"

"兄长切莫误了日期。"左门道："愚弟将准备一枝菊花与粗酒，待兄归来。"

两人依依不舍互诉别情，宗右卫门终于回出云国去了。

光阴似箭，枝头茱萸泛红，篱下野菊争艳，转眼已是九月。初九这天，左门比平素早起，把屋内打扫得一尘不染，在花瓶插了两三枝黄白菊花，倾囊置备酒馔。老母对勤快准备的儿子道："那人故乡远在山阴道边陲出云国，离此地百里，今日未必能抵达。等他来时再做准备也不迟。"

左门道："宗右卫门是重信义的武士，绝不会爽约。待他抵达再慌忙准备，等于我们怀疑他的诚信。倘若那样，我将无脸见他。"说罢便出门沽酒，回来又在厨房烹鲜鱼，准备妥当。

这天秋高气爽，万里无云。旅人络绎不绝，悠闲地边谈话边路过。

有人说："今天对商人来说真是个上京的好日子。天气好，是吉兆，肯定可以赚一大笔。"

另有一对同样远行装扮的武士，长者五十出头，对着二十来岁的武士道："看，天气不是变好了？今早若在明石搭第一班船，此刻应该已驶往牛窗港（冈山县牛窗町）。你们这些年轻人就是多虑，反而枉费了旅费。"

年轻武士辩解："我听上次陪您上京时的随从说，那时你们从小豆岛（香川县）搭船到室津（兵库县御津町），途中惊涛骇浪，好不惊险，不只是我，大家都怕这一带的海路。您先别气恼，到了鱼桥（兵库县高砂市）驿站，您请我吃一碗荞麦面吧。"两人边说边远去。

另有一驮夫怒骂:"这匹笨马,空有两个大眼珠,到底看着哪里?"说罢,粗暴地抬上驼鞍小跑步催促马匹前进。

正午已过,左门等待的人仍未出现。直至日头西沉,旅人各个加快脚步赶往今晚投宿的旅店,左门愈发双眼紧紧盯住街道。他怅然若失,心不在焉。

老母唤左门道:"俗说人心莫测,即便他愿意守约,说不定因故而延期。再说菊花也不只今日美,重要的是对方的诚意。只要他有心归来,就算因故延至时雨月(阴历十月),你也不要怨他。快进屋就寝,明日再等吧。"

左门也认为老母说得有理,可仍不死心,佯装依从盼咐,劝老母先回房休息。他再度出门探望,但见中天银河若隐若现,月光孤寂照着左门。突然某处屋檐下传来狗吠声,划破无言夜晚,继而传来高砂海岸浪涛声,仿佛近在足下。

月亮没入山头,四周阴暗下来。此刻左门已死心,正欲关门,眼角瞄到某物,是个朦胧黑影,似乎是人。那黑影随风飘荡,摇摇晃晃地走来。左门起疑,定睛一看,来人正是兄长宗右卫门。

左门惊喜万分,雀跃道:"小弟今晨起一直在门口等,兄长果然没失约,小弟很欣慰,快请进屋吧。"

宗右卫门无言地点头。左门引宗右卫门来到南窗前,落座后说道:"老母守候良久,说明日再等,已自行睡去。待我去唤醒老人家。"宗右卫门默默摇头制止。左门又道:"兄长夜以继日地赶来,想必身心交瘁,请先小酌一杯,今晚好好休息吧。"说罢,烫酒摆席,劝宗右卫门吃喝。宗右卫门仍举袖掩面,看似不喜闻酒肴气味。

左门道:"这是小弟亲手烹调的浊酒粗食,虽非山珍海味,却诚心诚意,兄长为何拒绝?"

宗右卫门依旧默不作声,之后长长叹了一口气,终于开口说:"贤弟诚心款待,我怎会拒绝?我无法欺瞒你,只能据实告知,你千万别吓倒。其实我已非阳世之人,乃是污秽幽灵,暂且以人形显现而已。"

"兄长为何说此无稽之谈?"左门惊道,"难道我在做梦?不,这绝非梦寐。"

"自从与贤弟分手回归故乡出云国,"宗右卫门道,"国人多已服从于尼子经久的权势之下,没人再顾前任城主盐治之恩。我有个堂弟赤穴丹治,住在富田城,我去投奔他,他也跟其他人一样,为我陈说利弊得失,并引见城主经久。我姑且听从堂弟劝导,跟随经久身边,细察其言行,经久不愧为英勇武将,士卒训练有素。可他那种做法无法得人心,无心腹家臣。经久这人多疑,连辅佐他的军师也不置信。我认为久居无用,便向经久言及与贤弟有菊花之约,请他放我出城。不料经久大怒,命丹治将我软禁于城内,直至今日。我想,倘若我失约,不知贤弟会视我为何等人。我定要赴约,百般寻思,仍无良策可以脱离城内。最终想到古人有云,'人不能行千里,魂能日行千里'。于是当场切腹,今晚乘着阴风迢迢自出云赶来赴菊花之约。望贤弟谅察愚兄此情此意。"

说罢,宗右卫门泪如雨下,又道:"我们就此永别,请贤弟悉心服侍老母。"语毕即起身消失了踪影。

左门慌忙挽留,忽然阴风骤起,头昏眼花,分辨不清宗右卫门的行踪。他绊到某物跌倒,伏在榻榻米上痛哭失声。老母惊醒，起身来看，但见房内座上并列酒壶肴馔，左门躺在其中。老母急忙扶起儿子，问其原因。问了几次，左门只是饮泣不语。

老母道："倘若你怨恨兄长宗右卫门违约，万一他明日抵达，你将以何面目见他？你为何如此莽撞？"老母又严厉斥责儿子愚昧幼稚。

左门总算开口道："兄长今夜特地前来赴菊花之约。我准备酒肴相迎，他却再三推辞，最后才言说他因故无法践约，自尽化为幽魂百里远道而来，说罢便不知去向。惊扰老母安眠，还请宽恕。"语毕又泪流满面。

老母道："常言说，系狱之人，常做获释梦，口渴之人，常做饮水梦。你会看到宗右卫门兄长身姿，应属这类吧？你先冷静下来。"岂知左门摇头答："兄长确实来过了。"又伏地放声大哭。老母不再置疑，当晚母子俩相对恸哭至天明。

翌日，左门跪在老母面前道："儿自幼专心志学，于国未能尽忠，于家未能尽孝，徒生于天地之间耳。然兄长宗右卫门为信义尽其一生，儿应当前往出云，收敛兄长遗骨以全兄弟之信义。请老母保重身体，儿暂且告别了。"

"你前往出云是可以，"老母答："但务必早回，以免为母挂心。为母年事已高，切莫让今日的分离成为永别。"

"虽说生命如水泡，"左门道："早朝红颜，傍晚难保，不过儿会尽早归来。"

说罢挥泪而去，他先前往妹婿佐用家，请妹妹代为照顾老母，一路奔向出云。途中，饥不思食，寒不添衣，夜宿店舍，虽梦中亦哭唤宗右卫门。行了十日，终于抵达富田城。

左门直接造访赤穴丹治府邸，报名求见。丹治迎左门入室,疑惑地问道:"除非鸿雁传书,否则你何以得知宗右卫门的死讯?"

"武士之道不该与富贵盛衰并论。"左门答,"武士向来只重信义。长兄宗右卫门为赴与我订下的菊花之约,不惜自刎以阴魂之躯迢迢百里前来赴约。我为报答兄长信义之情,也日夜不停赶到此地。据我平生所学,眼下有一事欲请教阁下,请阁下爽快回答。古时,魏惠王相国公叔卧病在床,魏惠王亲往问病,曰:'公叔有如不可讳,将奈社稷何?'公叔曰:'座之中庶子公孙鞅,年虽少,有奇才,原王举国而听之。'王嘿然。王且去,座屏人言曰:'王即不听用鞅,必杀之,无令出境。'王许诺而去。公叔座召鞅谢曰:'今者王问可以为相者,我言若,王色不许我。我方先君后臣,因谓王即弗用鞅,当杀之。王许我。汝可疾去矣,且见禽。'今日我以此例比喻阁下跟宗右卫门兄长,阁下有何感想?"

丹治低头不语。

左门挪膝靠前一步又道:"兄长宗右卫门为报答盐治旧城主恩义,不肯仕官于尼子,此乃真正义士。然而阁下背弃旧城主投靠尼子,实为无义之人。兄长宗右卫门为实践菊花之约,宁可牺牲性命,百里而来赴约,他乃是守信义之极致者。而你却为取悦尼子,陷害骨肉,让他惨死狱中,有违盟友信义之道。纵使尼子命人监禁兄长,你也应念及往日骨肉之情,仿效当年公叔座放走商鞅之举,岂知你只重高官厚禄,全不顾武士作风,此乃尼子家风也。因此兄长才不愿久居此地。如今我也以信义为重,迢迢来到贵国,让阁下在贵国永留不义污名。"

左门道毕,即拔刀砍向丹治,一刀将其刺死。待家人得知此事而骚乱不已时，左门已失去踪影。据说尼子经久闻知此事，有感于左门兄弟信义之笃，命家臣不用追击左门行踪。结交莫结轻薄儿，果然如此。

◆上田秋成：为江户时代后期的传奇小说家、歌人、茶人、国学者、俳人。本文及后文《蛇性之淫》均改编自上田秋成最著名的作品《雨月物语》。

第十二节　蛇性之淫

往昔，纪伊国三轮崎（和歌山县新宫市）有位村长名叫大宅竹助，以渔业为生，手下有众多渔夫，经年捕捞各种大小鱼虾，家境富裕，膝下有二男一女。长子太郎生性质朴，勤于家业；长女嫁与大和国（奈良县）人为妻；次男名叫礼雄，气性老实，喜爱风雅，无意帮忙家业，对世间物事也意兴阑珊。

父亲甚为隐忧，心想，即使分一份家产给他，恐怕也会遭人诓骗，倾家荡产。但若过继给他人为嗣，终究会招人嫌弃，后患无穷，只能任他随心所欲，想当学者或僧侣都由他去。父亲认为他注定终生必得寄居哥哥太郎篱下，因此对他不多管教。

日后，礼雄拜新宫神社神官安倍弓麿为师，勤奋进修。九月下旬某日，风日晴和，海面无浪，忽然东南上空聚集乌云，细雨纷飞。礼雄向师父借了一把油伞，踏上归途。来到可见阿须贺神社正殿时，小雨变成倾盆大雨。礼雄便去附近一渔夫家叩门避雨。

老渔夫出来见是礼雄，忙道："原来是小少爷，寒舍粗陋，十分抱歉，请坐此蒲团。"顺手拂去肮脏的蒲团尘埃，请礼雄入座。

"我只是暂来避雨，什么都好，您不用张罗。"礼雄坐在蒲团上等雨停。过一会儿，门外传来娇滴滴的呼唤声："能不能借用一下房檐？"语音刚歇，便有人进得屋来。

礼雄抬头一看，但见来人是个年约二十、发髻优美、玉貌花容的女子，身边跟着个手持包袱的十四五岁的清秀丫鬟。女子身穿远山纹样鲜艳青衣，全身湿透，狼狈不堪。那女子见了礼雄，不禁赧颜，模样十分优雅。礼雄不觉心动，心想，这一带从未听说住着个如此娇艳的美人，这女子可能来自京城，到熊野三山参拜顺道来此观赏海景；只是身边未带男仆，未免过于轻率。礼雄挪出位子，向女子说道："请进来坐吧，这雨应该快停了。"

"打搅了。"女子进屋，因屋内狭窄，只得与礼雄并肩而坐。就近观看，礼雄愈觉那女子美如天仙，不似凡间女子。他心荡神摇，如醉如梦，恍如置身云雾中，便问女子："看你像是京城官宦家的小姐，是来朝山进香或来汤峰沐浴温泉吧，无奈此处只有大海，甚煞风景。古歌有云：'不巧逢雨三轮崎，佐野渡口无人家'（《万叶集》第三卷第二百六十五首），形容的正是这里，恰恰符合今日情景。这家主人是家父的雇工，你们尽可安心在此避雨。不知小姐今夜打算投宿哪家旅店？我送你们回去反倒失礼，不如把伞带去一用。"

女子答道："承蒙慨然借伞，甚是感激。少爷这番盛情，足以烘干我身上湿衣。我不是京城人，住在附近已有多年，今天是黄道吉日，特来那智神社参拜，不料遇上骤雨，不知少爷也在屋内避雨，贸然进来借檐。寒舍距此不远，等雨停再归返也罢。"

"你不用客气，还是带着伞吧。"礼雄道："待他日我再去府上取伞。再说这雨想必一时也不会停歇。不知府上居于何处？日后我便遣人去取伞。"

女子答道："寒舍在新宫附近，只要打听姓县名真女儿家便可。眼下天色已黑，我便拜领盛情，带伞回去。"说罢，女子撑伞离去。礼雄目送两人背影，向老渔夫借了蓑衣回家，抵家后，仍念念不忘女子倩影，彻夜思念。凌晨，他迷迷糊糊进入梦乡，在梦中寻至真女儿家。

真女儿家门大墙高，暗格子窗紧闭，垂帘深挂，安然雅致。真女儿出来相迎道："我忘不了少爷的盛情，正盼少爷来哩，请进。"说着引礼雄进内屋，端出各种酒馔鲜果款待。礼雄如痴如醉，正欲同真女儿共枕缠绵时，竟自梦中醒来。礼雄心想，倘若美梦成真，不知该有多好？于是顾不得吃早餐，径自出门去了。

来至新宫附近，到处向人讯问县真女儿家，却无人知晓。直至晌午，十分疲倦，忽见昨日的丫鬟自东走来，礼雄大喜，上前问道："小姐家住何处？我特地来取伞。"丫鬟微笑道："辛苦少爷了，请随我来。"

丫鬟在前引路，不到几步，便道："就是这儿。"礼雄抬眼一看，果如梦中那般，门大墙高，暗格子窗紧闭，垂帘深挂。他心中甚觉纳闷，进屋后，听到丫鬟向内屋禀告："我带借伞给我们的少爷来了。"内屋传出回应："在哪里？快请他进来。"出来迎客的正是真女儿。

礼雄道："新宫有位阿倍先生，是我业师。今日造访老师之际，顺道来取伞，请勿见怪。既已得知小姐贵府，待他日再来拜访。"

真女儿坚持留人，命丫鬟："可不能让他回去呀。"丫鬟忙挡在礼雄面前道："昨日少爷硬借伞给我们，今日我们也得硬留少爷下来。"说罢推着礼雄腰部，领他到向南的客房落座。客房是地板房，铺着客用榻榻米，屏风、柜橱陈设与帷幔上的彩画均是大家风度，想必非平常人家。

此时，真女儿出来道："我家因故失去男主人，恐怕招待不周，仅有薄酒，望少爷莫怪。"丫鬟送出高脚酒杯、盛满山珍海味的碗盘，并为礼雄斟酒。礼雄觉得仿佛仍处昨晚的梦境中，生怕再度醒来，然而又非梦境，反倒令人好生奇怪。

不久，主客均有几分醉意，真女儿举杯望着礼雄，容貌如水上娇樱，姿态如拂面春风，燕语莺声地说道："因羞于启齿而将思慕之情闷在心坎儿，不说而亡，人们会说那女子是被神作祟而死（引用自《伊势物语》第八十九段和歌：暗恋无人知，煎心且衔泪，一朝失恋死，枉自怨神明），我不愿让毫不知情的神明遭不白之冤，决定向少爷坦白说出，此言绝非信口开河，请少爷务必相信。我本为京城人，幼时父母双亡，由乳母抚育成人，嫁给贵国国守之小臣县某，与夫来到贵国，业已三年，不意我夫任期未满，于今春猝然病亡，丢下我伶仃一人。听说京城乳母早已落发为尼，周游诸国去了，如今故乡对我来说也形同陌路，请少爷谅察我身世。昨日避雨，偶然与少爷邂逅，蒙少爷照应，我深信少爷是位诚信君子，决意以身相许，服侍少爷左右。倘若少爷不嫌我出身卑贱，望以这杯酒订下百年姻眷。"

这原为礼雄梦寐以求之事，何况对方是自己朝思暮想之女子，雀跃三尺，只是思及自身尚未立世，父兄必不允许，一时既喜犹忧，不敢作答。

真女儿见状，悲叹道："我一个肤浅妇道人家，贸然说出这番愚昧之言，眼下一言既出，真是无地自容。像我这般薄命女子，早当投海自尽，今日又让少爷烦心，真是罪该万死。只是我说的句句皆肺腑之言，少爷你便当作醉态狂言，付诸大海吧。"

礼雄道："初见小姐时，我即知小姐定是京城名门闺秀，果然不出我所料。像我这种以鲸鱼为伍在天涯地角海边长大的人，大概终生再也无法得此艳福，我之所以没能立即作答，实因尚寄父兄篱下，除指甲毛发之外，身无一物，叫我如何筹办聘礼迎娶小姐？只恨我贫穷无能。倘若小姐耐得穷苦，我将尽力而为。连圣人都会在情爱前跌跤，我也可为小姐忘却孝道立命……"

真女儿答："少爷如此说，令人不胜欢喜，寒舍虽破旧，少爷若不嫌弃，请少爷往后便以此处为家。家中有一把前夫生前十分珍爱的宝刀，请少爷笑纳。"说罢取出一把镶金包银的古代名刀，礼雄心想这是小姐初次定情之礼，不宜推却，便欣然收下。真女儿又挽留道："今晚就请小住寒舍吧。"礼雄婉拒："未得父兄允许，我不敢贸然在外投宿，明晚我定会借故再来。"便回家去了，当晚辗转反侧，一夜未眠。

翌日，太郎早起，准备召集渔夫下海，经过礼雄房前无意往内一瞄，发现礼雄枕边搁着一把映着灯火余光闪闪发亮的长刀。太郎纳闷："这把刀从哪儿来的？"便粗暴地拉开房门，惊醒了礼雄，见是太郎，礼雄问："有事找我吗？"太郎厉声问道："你枕边那发光东西是什么？如此贵重的东西与我们渔家不相称，给父亲晓得了定会责怪你。"

礼雄道："这不是花钱买来的，是昨天有人相赠，搁在枕边而已。"

太郎大声道："这附近怎会有人送你如此贵重的东西？你平常便收集一些别人看不懂的书籍，我早觉得是一种浪费，只因父亲未加斥责，我才忍着。莫非你打算佩带这把刀参与新宫大祭行列丢人现眼？简直不像话！"

　　父亲听到太郎斥责声，唤道："家里那个不成材的儿子又惹出什么祸了？太郎，带他过来。"

　　太郎回道："不知他从哪里弄来一把像是将军佩带的宝刀，请父亲叫他过来好好问问，我得出门去安排渔夫下海。"说罢便出门。

　　母亲叫来礼雄问道："你为何买此等东西？家中柴米油盐都是太郎挣来的，你一无所有。平日任你胡来，要是因此事而惹恼太郎，天地间哪有你立足之地？亏你读了那么多圣贤之书，难道连这道理也不懂？"

　　礼雄辩解："当真不是买来的，因故收下别人赠礼，哥哥看到了才那样说。"父亲不相信，怒道："那你倒说说看，到底立了什么功，人家才给你这把宝刀？真是莫名其妙，你从实招来。"

　　礼雄道："这事我难以启齿，能否由他人转告？"父亲更是厉声叱喝："对父兄说不出口的事，还能对谁说？"此时，嫂子从旁插嘴："不妨让我来听听，礼雄，你跟我来。"便带礼雄到另一房内。

　　礼雄向嫂子道："我原打算向嫂子商讨此事，请嫂子助力，无奈哥哥发现得太早，挨他责骂。其实是有位孤苦伶仃的年轻寡妇，说要以身相许，这把刀是定情之物。小弟未经父兄允许，擅自私定终身，犯下重罪，此刻是后悔莫及，望嫂嫂谅察小弟苦衷。"太郎媳妇笑道："小弟至今尚未成家，嫂嫂也很同情你，这不正是难得的喜事吗？嫂嫂定将帮你说些好话。"

当天夜晚，嫂子便对夫婿道："如此这般那般，你就向父亲美言几句吧。"太郎听罢皱起眉头："此事甚奇，我从未听过国守身边有县姓属下，我们家是村长之家，怎可能不知谁人过世的消息？你且取来那把刀让我看看。"

太郎媳妇立即取刀过来，太郎仔细观看，叹道："我们完了。前些日子，京城有位大臣为祈神明显灵，献给熊野速玉神社许多宝物，岂知这些宝物竟自御宝库不翼而飞，大宫司（神社长官）已呈报国守。国守下令缉捕盗贼，听说已派次官文室广之前往大宫司府邸追查此事。这把刀绝非下属官员所持之物，让父亲看看再做打算。"

太郎立即带宝刀到父亲面前，详述缘由，请教父亲该如何处理。父亲脸色大变道："这该如何是好？那孩子至今从未动过别人一分一毫，到底是什么报应令他起这邪心？万一他人先一步告密，我们家可会遭到满门抄斩。为了祖先及子孙后代，只能牺牲这个不肖之子，你明天便去报案。"

太郎等天亮前往大宫司府邸，呈上宝刀并说明事情来龙去脉。大宫司惊道："这正是大臣献上的供品。"次官广之闻报后，当下命十名武士前去捉拿盗犯并追问其他赃物，又命太郎引路。

全然不知情的礼雄正在家中读书，见武士闯入拘捕，连声问："我犯了何罪？"武士不听辩解便将礼雄五花大绑起来。父母、太郎夫妇只在一旁悲叹："可悲，可悲。"武士催促："国守下令缉捕你，快走！"说罢架着礼雄前往国守府邸。

次官怒视礼雄问道："你竟敢偷神明宝物，这可是弥天大罪！其他赃物藏在哪里？快从实招来！"

礼雄总算恍然大悟，流泪道："小人从未偷盗，事情是如此这般那般，这是县某遗孀送给小人的前夫遗物，请大人召那女子来便可证明小人清白。"

次官益发怒斥："本官没有姓县属下，你胆敢再说谎，便罪加一等！"礼雄再度申诉："小人如今已被捕，怎敢说谎？请大人务必传唤那女子来对质。"次官命武士："县真女儿家在哪里？抓她过来！"

众武士押着礼雄直驱真女儿家。但见门柱腐朽，断壁残垣，蒿草丛生，不像有人居住。礼雄见状，愣在原地。武士召集近邻村民，伐木老人、舂米夫等均诚惶诚恐地跪倒在地。武士问："这所大院是谁人居住？县某遗孀是否住在此地？"

一铁匠老人回道："从未听说县有此人。三年前有位村主某某住在此地，生活阔绰，但这人运货前往九州时，船只遇难，下落不明，从此家人散去，成为空屋。昨天这漆匠老人说看到此男子进屋，半晌才归去，我们都甚感疑惑。"

"总之进去看看，也好向长官禀报。"武士说罢，推门而入。但见邸内比外观更荒芜，前院林荫蔽天，池水干涸，水草枯萎，杂草丛生，一株高大的松树被风吹倒在院中，更显得阴森荒凉。拉开正厅格子门，一阵腥风迎面吹来，众人不禁倒退几步。礼雄只是目瞪口呆。

武士中有位巨势熊梼者，胆大如斗，道："我带头，都跟我来。"大步踏着地板进屋。屋内积尘寸许，满地鼠粪，其中竖立着一幅破旧布幔，旁边坐着个如花似玉的美人。熊梼向女子道："国守召见，快跟我来。"

女子默不作声。熊梼挨近，欲捉拿女子，突然响起一声天崩地裂般的霹雳，众人均惊倒在地。待回过神时，女子已不见踪影。地面闪闪发光，众人战战兢兢地挨前细看，有高丽丝绸、吴绫、倭锦、缣帛、盾、矛、箭囊、铁锹，均属新宫神社失窃之物。武士带回宝物，详细报告奇事。

次官与大宫司得知是妖怪所为，不再审问礼雄，但礼雄仍免不了窝赃之罪，被押入国守府邸牢内。大宅父子献出众多财物赎罪，礼雄于百日后才获释。礼雄道："儿无颜面对家乡父老，想到大和国姐姐家住一段日子。"父亲赞成道："你遭遇如此大难，我们也深恐你因此而一病不起，就去姐姐家静养数月吧。"便遣下人陪礼雄动身。

礼雄姐姐家住大和国石榴市（奈良县樱井市三轮町），姐夫田边金忠以经商为生。见礼雄来到，非常高兴，又同情弟弟的灾难，劝道："你便长住这儿，莫急着回家。"

转眼已是翌年二月。石榴市离长谷寺不远，寺内观音菩萨夙负盛名，甚至名扬唐国，每逢春季，自京城各地赶来的香客络绎不绝，町内旅舍鳞次栉比。田边家经营香火生意，店内终日挤满香客。

某日，有位来自京城的美貌女子，身边跟着个丫鬟，来买进香之物。丫鬟见到礼雄惊叫："主人原来在此！"礼雄细看，正是真女儿与丫鬟，大叫"吓死我也"，慌忙躲进内屋。金忠夫妇问道："怎么回事？"礼雄答："那妖怪追我来了，千万莫让她进屋。"四周众香客惊问："妖怪在哪？"却见真女儿进屋道："诸位莫疑我是妖怪，夫君亦莫惊慌。这事皆因我错，而使夫君蒙冤，我深感内疚，四处寻找，想向夫君解释事情缘由，今日终于见到夫君，非常高兴。店家主人也请细听，倘若我真是妖怪，怎敢在光天化日之下出现在人来人往之处？我衣裳有缝，对日有影，这些都是证据。请诸位理解此道理，切莫多疑。"

礼雄逐渐平心静气，却仍疑心道："可你肯定非人，那天武士押我到你住处，那房舍已非昨日我所见，荒凉至极，类似妖魔栖身之居，你却一人安然坐在屋内，武士欲上前捕捉之际，突然晴天霹雳，消失无踪。这些我均亲眼目睹，你安何心竟追我至此？快走！"

真女儿泪眼汪汪地答道："夫君所说确是实情，但请允许我稍加说明。那天听闻夫君被押至国司府邸，我便同平素助我的近邻老翁商讨，将房舍夷为废墟。至于拘捕我时，雷声大作，乃丫鬟所设计谋。之后雇船逃至难波（大阪）。为探听夫君所在，今日特意来此许愿，得古歌'古河野道两株杉，比翼共连枝'（《古今集》卷十九）一签，不料竟真的在此与夫君重逢，真是托了观音菩萨大慈大悲。我身为柔弱女子，怎能盗出那些宝物？应是前夫邪念所为，望夫君细细思量，我对夫君一片真情，毫无诳言。"说罢潸然泪下。

礼雄听毕半疑半怜，一时答不上话。金忠夫妇见真女儿说得头头是道，举止娴雅，深信不疑，说道："听礼雄述说此事时，确是惊人，可细想之下，这世上岂有此等奇事？你千里迢迢寻至此，这份情甚教人感动，礼雄即使不领，我们也会留你住下。"便领真女儿进内屋。

二三日过后，真女儿甚讨金忠夫妇欢心，恳求夫妇劝解礼雄释疑。金忠夫妇也受真女儿痴情打动，终于说服礼雄，让他俩结为夫妇。礼雄亦逐日释疑，原本便对真女儿一见钟情，如今更立下山盟海誓，望白头偕老，只恨相逢太晚。

三月某日，金忠对礼雄夫妇道："此处虽比不上京城，却也不输纪州。吉野地方春景最美，三船山、菜摘川均是百看不厌的名所，尤以春景为胜，我们不妨去春游一番罢。"

真女儿微笑道："自古吉野便闻名满京城，京城人也以不游吉野为憾事，无奈我自幼体弱，人多之处或路途稍远，便会头昏眼花，原谅我无法相随奉陪，只盼夫君带回当地土产即可。"

金忠夫妇道："那是步行才会劳累，我家虽无牛车，但还不致于让你徒步当车，再说你留在家中，礼雄也不放心。"夫妇频频相劝，礼雄也道："姐姐姐夫如此诚意相邀，即便半途累倒，也不得不去。"真女儿盛情难却，只得跟随众人出发。

一路上游客如织，个个盛装艳服，却无人比得上真女儿的娇艳。吉野某寺院的住持是金忠夫妇的老相识，当晚一行人便投宿该寺院。住持迎客道："今春你们来得稍晚，樱花已落了大半，莺啼也稍嫌失色，但仍有几处可游。"当晚以素席款待。

翌日，深山含烟笼雾，不久即晴空万里，寺院处于高地，眼下僧房尽收眼底。山上鸟啼此起彼落，群花争艳，虽同属深山，此处却特别令人心旷神怡。据云初到此山，不得不看瀑布，于是央人带路，一行人顺着山谷前进。来到瀑布附近的古代离宫遗迹，但见瀑布翻腾下泻，香鱼逆流而上，景观甚美。一行人排开扁柏饭盒，边吃边观赏瀑布美景。

有位老翁脚踏岩石缓步走来，蓬发以麻绳束结，步履矫健。老翁来到瀑布下，驻足疑惑地盯着礼雄一行人，真女儿与丫鬟均背转过身，避开老翁视线，老翁目不转睛地注视两人，喃喃自语："怪哉，你这邪神怎可迷惑人心？竟胆敢在老夫面前做此等事？"

听闻此话，真女儿与丫鬟突然腾空跃起，纵身跳入瀑布，水柱冲天，两人随即不见踪影。天空瞬时乌云密布，下起倾盆大雨。老翁率领慌乱不堪的众人下山，众人逃进一破旧屋檐下蹲坐，个个吓得面无血色。

老翁对礼雄道："仔细观看你面色，想必中了邪神妖气，若非老夫及时救你，迟早会丧命。今后务必要小心。"礼雄伏地磕头道："请救小生一命。"接着道出事情的来龙去脉。老翁说道："原来如此。此妖是多年修成的蛇精，传说其本性淫荡，与牛交合生麒麟，与马交合生龙马。她之所以缠住你，想必是因你长相俊秀，而生情欲，看她如此执迷，今后你若不谨慎提防，恐怕性命难保。"众人听了均认为老翁定是神灵显现，膜拜不止。

老翁笑道："老夫并非神明，是大和神社神官当麻酒人，老夫送你们回去，跟着。"众人便随老翁离去。

次日，礼雄前往大和乡，送美浓绢三匹、筑紫棉二匹致谢，并恳求老翁为他除妖驱邪。老翁收纳谢礼，一一分赠给其他神官，自己不留丝毫。老翁劝导礼雄："那蛇精恋你一表人才，行淫缠你，你也受她变幻的美貌所迷，缺乏男子应有的阳刚意志。从今以后定要振起男子汉之勇，稳住心神，那么便不需老夫之助力了。"

礼雄如梦初醒，千恩万谢地拜别了老翁。回家后，向金忠道："这些日子被妖怪所缠，均因小弟心性不端所致。小弟对父兄尚未尽孝，又给姐夫家带来厄运。承蒙照顾，小弟感恩不尽，待日后定再来拜访。"于是辞别金忠夫妇，回故乡纪州。

家中父母与兄长太郎夫妇听闻在大和发生之骇人事，明白一切并非礼雄的罪过，反生怜悯之情，又恐蛇精再来纠缠，彼此商道："这均是礼雄尚未成亲才会有此结果，快让他迎亲罢。"

却说芝乡（和歌山县田边市）有位芝姓地方官，膝下有一女，在京城宫内当宫女，此时恩准得以返乡，愿招礼雄入赘，差媒人来提亲。大宅家求之不得，当下定了婚约。

宫女富子见家人来京城迎亲，欢天喜地地嫁了进来。富子长年在宫中服侍，知书达礼，且姿容秀丽，举止超凡。礼雄入赘后，觉得富子是个可人也，心满意足，偶尔会想起蛇精对自己迷恋之情，幸好初婚之夜安然度过。

次日夜晚，礼雄微醉地向富子戏谑道："你久居宫内，与我此等乡巴佬成亲定有不满之处。你在宫内肯定曾与中将、宰相等人同床共寝，念及此，真叫人悻悻然。"富子抬头道："你背弃旧好，却宠爱一个如此姿色平平的女子，你说你悻悻然，我更是旧恨新仇无处遣。"

礼雄大吃一惊，眼前女子确是富子无疑，但声音分明是真女儿。礼雄不寒而栗，呆若木鸡。女子笑道："夫君切莫惊慌，尽管你忘却了当年我俩的山盟海誓，但只要缘分仍存，我俩总会再度相逢。倘若你再听信他人谗言，弃我远去，别怪我将报此仇此恨。无论纪州群山有多高，我也定会将你满腔鲜血自高峰注入谷底，望你保重，切莫断送自己性命。"礼雄只是颤抖不已，以为她要索命，几乎昏厥过去。

此时，屏风后走出一丫鬟，道："如此天假良缘难道主人不满意么？"礼雄一看，吓得魂飞魄散，眼前一黑，闭目俯卧在床。真女儿与丫鬟既哄又吓，礼雄却如死人般呆愣至天亮。

翌日，礼雄逃出寝室，向岳父道："如此这般那般曾发生过此等事，请设法让小生度过此难关。"礼雄唯恐背后有人偷听，尽量压低声音。岳父夫妇听毕脸色发青，哀叹不已，道："这该如何是好？京城鞍马寺有一僧侣，每年都来熊野参拜，昨晚正好住宿在对面山中寺院。据说此法师法术无边，凡是瘟疫、妖怪、蝗灾均能祓除，深受乡人尊崇。就请这位法师来除邪。"说罢忙遣人去请法师来。

法师听毕事情原委，毫不在乎地道："擒拿如此迷惑人心的蛇精，又有何难？请众人放心。"众人总算安下心来。法师先准备雄黄，调成药水，装在一个小瓶内，前往寝室。众人急忙东躲西藏，法师冷笑道："无论老少都在此等着，吾人马上擒拿小蛇出来。"说罢径自进房。

法师打开房门，便见一蛇首迫不及待地扑来。那蛇首有多大呢？大到堵住门口，全身发出积雪般的白光，双目如铜镜，角如枯木，张开三尺多宽大口，吐出红舌，俨然欲一口吞下法师。法师惨叫一声，抛出手中小瓶，跌坐在地，连滚带爬，好不容易才爬出，向众人道："可怕，可怕，此妖非一般蛇精，而是作祟邪神，非吾等法师所能降伏。幸亏吾人手脚快，否则早就没命了。"说罢便昏厥过去了。

众人扶起法师，却见他脸色发紫，全身烫得如篝火，看来是中了蛇精的毒气，转动双眸欲言又止，浇了冷水也不见效，最后一命呜呼了。众人见状，愈发吓得魂不附体，哭喊成一团。

礼雄下定决心，对着众人道："如此受乡人尊崇的法师亦束手无措，此蛇精执迷不悟地缠住我，看来只要我活在这天地间，终究逃不出其魔掌。为我一人而连累众人，更是天理不容。我决定不再央求他人解决，请众人放心。"说罢径自入室。众人皆以为礼雄发狂了，慌忙阻止，礼雄却充耳不闻地进房去了。

礼雄徐徐打开房门，房内悄然无声，富子与丫鬟两人面对礼雄而坐。富子对礼雄道："我与夫君到底有何仇恨？为何找人擒拿我？今后倘若你再视我为敌，不仅夫君一条命，全乡人将不得好死。夫君只要不移情别恋，诚心相待我对夫君这一片真心痴情便可。"说话带着媚态，令人哭笑不得。

礼雄道："俗说'人无害虎心，虎有伤人意'，你以非常人之心，多次缠我，令我吃尽苦头。如今又以恐吓口吻责备我所作所为，实为狠毒之至。只是，我也深知你对我的一片痴情与常人无异，但你在此会令乡人不得安宁。只要你放过富子一命，我愿随你至天涯海角。"女子听了喜不自禁，点头应允。

礼雄走出房对岳父道："我被蛇精缠身，继续留在此地定将连累众人，实在于心不忍。求您让我离去，如此将可救富子小姐一命。"岳父岂肯答应，道："我也是习得武艺之人，如果就如此让你走了，教我拿什么脸面对家人？还是另想办法。小松原道成寺（和歌山县'道成寺缘起'传说中的道成寺，请参考远流出版《传说日本》）有位法海和尚，法术高深，只因年事已高，听说极少外出。我去恳求，老人家应不会见死不救。"说罢便驱马急行。

路途遥遥，深夜才抵达寺院。老和尚自寝室出来，听毕事情的前因后果，说道："老僧已年迈无用，不知道行是否灵验，但仍不能坐视不管你家灾祸，你且先回，老僧随后就到。"老和尚取出熏了芥子的袈裟，递给地方官，嘱咐道："好言骗那蛇精到身边，再用此袈裟蒙住她的头，用力压住，不得手软，以免让她逃走。心中暗诵佛经，切记沉稳去做。"地方官欣喜万分，驱马赶回。

地方官回家后，悄悄叫出礼雄，递出袈裟道："这般那般去做，可别失败。"礼雄将袈裟藏在怀里，步入房内，对蛇精道："岳父已允许我出门，我们走吧。"蛇精兴高采烈，礼雄趁机取出袈裟，用力蒙住女子的头颅。

"啊，好痛苦呀，你为何如此无情？快松手！"女子哀求。礼雄不听，愈发使出全身力气按住她。

此时，法海和尚乘轿抵达。众人扶老人家进屋，和尚口中念念有词，并叫礼雄退下，掀开袈裟一看，富子神智昏迷地伏在地面上，背部盘着一条三尺有余的白蛇，纹风不动。老和尚提起白蛇，放入徒弟手捧的铁钵内，再度喃喃诵经，屏风后又爬出一条一尺长的小蛇，一并放入钵内，最后用袈裟裹住铁钵，乘轿离去。众人合掌感激涕零。

老和尚回到寺院，在正殿前挖个深穴，掩埋铁钵，施法命蛇精不得复出。据说，道成寺如今仍留有蛇冢，而地方官的女儿富子不久即病逝，礼雄则安然无恙。